INTERMEDIATE READER

Lies mit mir!

2

HOLT, RINEHART AND WINSTON

A Harcourt Education Company

Austin · Orlando · Chicago · New York · Toronto · London · San Diego

Prepared by:
George Winkler

Requests for permission to make copies of any part of the work should be mailed to the following address: Permissions Department, Holt, Rinehart and Winston, 10801 N. MoPac Expressway, Building 3, Austin, Texas 78759.

Cover Photo/Illustrations Credits: 39 (tl), Photofest; (tr, br), © Ian Yeomans/Woodfin Camp & Associates; (bl), © Joe Viesti/Viesti Collection, Inc.; (bc), © Fay Torresyap/Stock Boston;

Acknowledgments:

For permission to reprint copyrighted material, grateful acknowledgment is made to the following sources:

Marina Schnurre: "Die Prinzessin" from *Rapport der verschonten Geschichten* by Wolfdietrich Schnurre. Copyright © 1968 by Verlags AG Die Arche, Zürich.

Der Kinderbuch Verlag GmbH+: "Der Brief" by Günter Görlich from *Die Zaubertruhe,* Vol. XVI. Copyright © 1970 by Der Kinderbuchverlag Berlin.

Atrium Verlag AG: "Mein Bär braucht eine Mütze" from *Pappbilderbuch* by Janosch.

Ms. Angelika Ecke-Roesske for the Estate of Wolfgang Ecke: "Der falsche Mann" from *Solo für Melodica* by Wolfgang Ecke.

Gustav Kiepenheuer Bühnenvertriebs – GmbH, Berlin: "Der Stift" from *Man kann darüber sprechen* by Heinrich Spoerl. Copyright 1949 by Gustav Kiepenheuer Bühnenvertriebs – GmbH.

Carl Hanser Verlag+: "Die Torte" by Eugen Roth from *Ein Mensch. Heitere Verse.* Copyright © 1949 by Carl Hanser Verlag München Wien.

ACKNOWLEDGMENTS continued on page 151, which is an extension of the copyright page

Printed in the United States of America

ISBN 0-03-065638-9

13   018   10 09 08

To the Student

You might think that reading is a passive activity, but something mysterious happens as you read. The words on a page enter your mind and interact with whatever else happens to be there—your experiences, thoughts, memories, hopes, and fears. If a character says, "I had to run away. I had no choice," you might say, "Yeah, I know what that feels like." Another reader, however, may say, "What is he talking about? You always have a choice." We all make our own meaning depending on who we are. Here are some of the ways we do that:

1. **We connect with the text.** We might think, "This reminds me of something," or "I once did that."

2. **We ask questions.** We ask about unfamiliar words, or about what might happen next, or about a character's motivation.

3. **We make predictions.** We may not realize that we are making predictions as we read, but if we've ever been surprised by something in a story, that means we had predicted something else.

4. **We interpret.** We figure out what each part of a story means and how the parts work together to create meaning.

5. **We extend the text.** We extend the meaning of a story to the wider life around us, including actual life, films, and other stories.

6. **We challenge the text.** We might feel that a character is not realistic, or that the plot is poor, or that we don't like the writing.

Experienced readers develop reading skills that help them do all these things. As you read through **Lies mit mir!** you will encounter many kinds of texts: fairy tales, fables, short stories, anecdotes, articles found in magazines, poems, verses, songs, sayings, quotations, jokes, riddles, tongue twisters, memory games, and more. Some of them you will be able to read right away others will require more effort on your part. Each text comes with pre-reading and during-reading strategies, as well as post-reading activities. These will help you decode the text quicker and better understand its meaning, and therefore enjoy it more!

Table of Contents

Kapitel 2

Kapitel 1

Kapitel 3

Kapitel 5

Kapitel 4

Kapitel 6

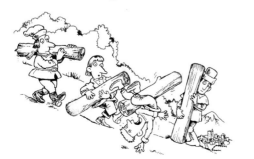

Kapitel 7

Kapitel 8

Kapitel 9

Kapitel 10

Kapitel 11

Kapitel 12

Kapitel

1

Vor dem Lesen
Anekdoten

Lesestrategie

Voraussagen, was passiert Wenn wir einen Text lesen, denken wir voraus. Wir möchten wissen, was passiert. Was wir vorausdenken sind Vermutungen, die auf unseren eigenen Lebenserfahrungen und auf unserem Wissen basieren. Unsere Vermutungen können falsch oder richtig sein. Deshalb müssen wir unsere Vermutungen beim Lesen oft revidieren und neuen Informationen anpassen.

Übung

Manchmal können wir voraussagen, was in einer Geschichte passiert, wenn wir nur einige Wörter oder Satzteile kennen, die in der Geschichte vorkommen.

Lies die folgenden Wörter und Satzteile und schreib auf, was in der Geschichte *Friedrich der Große und die Windmühle* deiner Meinung nach passieren wird.

1. ein König
2. ein Schloss
3. daneben eine Windmühle
4. der Lärm der Mühle
5. ein Müller und seine Familie

Landeskunde

Eine Anekdote ist eine kurze Erzählung, die eine charakterisierende Begebenheit wiedergibt. Und so gibt es viele Anekdoten über Friedrich den Großen, denn der König von Preußen mischte sich gern unter das Volk und wurde so beliebt, dass er als „der Alte Fritz" in die Geschichte einging. Friedrich II. war ein Förderer von Kunst und Wissenschaft, ein toleranter Monarch, und ein Autor in französischer Sprache. Friedrich liebte die Musik. Er war ein begabter Flötist, und er komponierte mehrere Stücke für sein Instrument.

Friedrich der Große beim Flötespielen

Beim Lesen

Denke nach, was du
schon über Potsdam und
Friedrich den Großen
weißt.

A. Wie heißt sein Schloss
und wo liegt es?

B. Wer war Friedrich II.?

Friedrich der Große

In der Nähe von Berlin – genauer gesagt in Potsdam – liegt in einem großen, schönen Park das Schloss „Sans Souci", auf Deutsch: Schloss „Ohne Sorge". Viele Leute, Deutsche und Touristen aus fremden Ländern, besuchen dieses Schloss, denn Friedrich der Große hat einmal dort gewohnt und ist seit 1991 auch wieder dort begraben[1]. Friedrich II. (der Zweite), der König von Preußen (1712-1786, König seit 1740) hat gern seine Zeit in diesem Schloss verbracht[2]. Er hat dorthin seine Freunde eingeladen, hat Musik komponiert und seinen Freunden vorgespielt.

Friedrich der Große und die Windmühle

C. Was war Friedrichs
Problem mit der
Mühle?

Friedrich II., der Alte Fritz, wie man ihn auch nannte, war jetzt alt und wollte in seinem Schloss ruhig und ohne Sorge leben. Aber da war nun diese Windmühle, gleich in der Nähe des Schlosses. Bei Tag und bei Nacht hört der König den lauten Lärm[3] der Mühle. Der Lärm war so laut, dass der König nicht schlafen konnte. Der König diktiert einen Brief an den Müller und bittet ihn, in sein Schloss zu kommen.

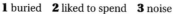

1 buried   2 liked to spend   3 noise

Der Müller kommt zum König.

„Bei Tag und bei Nacht höre ich den Lärm deiner Mühle", sagt Friedrich. „Du musst die Mühle aufgeben. Ich will sie kaufen. Was kostet sie?"

Der Müller antwortet: „Niemand kauft meine Mühle! Ich will sie behalten[1]. Mein Vater und mein Großvater haben in dieser Mühle gewohnt. Ich wohne da, und mein Sohn wird da wohnen, und er soll sie behalten. Niemand kauft meine Mühle!"

Der König ist nicht zufrieden mit dieser Antwort und sagt: „Du musst die Mühle aufgeben, ich kaufe sie. Vergiss nicht, ich bin dein König!"

„Ich fürchte mich nicht vor[2] Eurer Majestät", antwortet der Müller. „In Berlin gibt es Richter![3]" Er stand auf und ging aus dem Schloss.

Der König war erstaunt über diese Antwort. Der Müller konnte seine Mühle behalten. Und noch heute steht sie in der Nähe von Schloss „Sans Souci". *(Die Mühle wurde 1993 völlig renoviert.)*

Friedrich der Große und Mendelssohn

Moses Mendelssohn war ein berühmter Philosoph. Er war der Großvater des berühmten Komponisten Felix Mendelssohn und ein guter Freund Friedrichs des Großen.

Hier eine Anekdote über die beiden Freunde.

Der große Preußenkönig liebte die Philosophie, und deshalb besuchte Mendelssohn den König ziemlich oft. Eines Tages bittet[4] ihn der König, zum Abendessen zu kommen. Er hat viele Gäste eingeladen. Um sieben Uhr waren alle Gäste da, nur Mendelssohn nicht. Der König nimmt immer wieder seine Uhr aus der Tasche und fragt: „Wo ist denn der Mendelssohn?" Dann sagt er: „Diese Philosophen! Wenn sie hinter Büchern sitzen, vergessen sie alles, auch ihre besten Freunde."

Der König und seine Gäste setzen sich an den Tisch. Friedrich nimmt ein Stück Papier aus der Tasche und schreibt diese Worte:

Mendelssohn ist ein Esel.
Friedrich II

1 keep 2 I'm not afraid of 3 judges 4 asks

Beim Lesen

D. Was will der König mit der Mühle tun?

E. Warum will der Müller die Mühle nicht verkaufen?

F. Worüber war der König so erstaunt?

G. Wer war Mendelssohn?

H. Warum schaut der König auf seine Uhr?

Friedrich der Große und seine Tafelrunde

Er gibt das Papier einem Diener[1] und sagt: „Lege er das auf Herrn Mendelssohns Teller[2]!"

Wenige Minuten später kommt der Philosoph. Er sagt „Guten Abend" und geht schnell an seinen Platz. Da sieht er das Papier, liest es und steckt es ruhig in die Tasche. Dann beginnt er, seine Suppe zu essen.

I. Was steht auf dem Zettel?

Da fragt der König: „Was für ein Zettelchen steckt der berühmte Philosoph in die Tasche? Will er uns nicht erzählen, was darauf steht und woher der Zettel kommt? Will er uns das nicht laut vorlesen[3]?"

J. Wie liest Mendelssohn, was der König geschrieben hat?

Mendelssohn steht auf und sagt: „Ja, ich lese es sehr gern."
Dann liest er mit lauter Stimme:

„Mendelssohn ist *ein* Esel, Friedrich – der *zweite*."

. . . .

1 servant   **2** plate   **3** read in a loud voice

Friedrich der Große und der Kaffee

Im Jahre 1781 waren die Berliner sehr böse[1] auf ihren König. Die Berliner kauften nämlich ihren Kaffee in anderen Ländern, und Friedrich II. hatte das nicht gern. „Das Geld soll in Preußen bleiben!" meinte er. „Die Berliner können Wasser, Bier, Milch oder Wein trinken!" Aber die Berliner wollten lieber ihren Kaffee trinken.

Eines Tages reitet Friedrich mit einem Diener durch die Straßen von Berlin. Da kommt er auf einen großen Platz. Vor einem Haus stehen viele Leute und schauen ein Bild an. Das Bild hängt hoch an der Mauer[2] des Hauses.

Der König will das Bild näher sehen und reitet näher ans Haus heran. Und was sieht er auf dem Bild? Er sieht sich selbst. Da sitzt er auf einem Stuhl mit einer Kaffeemühle[3] zwischen den Knien. Er mahlt Kaffee. Eine Karikatur des Königs!

Der König sieht das Bild lange an. Dann lacht er und ruft mit lauter Stimme: „Warum hängt das Bild so hoch? Hängt es tiefer[4], tief genug, damit man es sehen kann!"

Die Berliner freuen sich über den Humor ihres Königs und zerreißen[5] das Bild in kleine Stücke. Der König reitet zufrieden nach Hause. Aber von jetzt an schmeckt ihm der Kaffee nicht mehr so gut wie früher.

1 mad **2** wall **3** coffee grinder **4** lower **5** tear

Beim Lesen

K. Warum sind die Berliner böse auf ihren König?

L. Was hat der König gesagt?

M. Warum stehen viele Leute vor einem Haus?

N. Was sieht man auf dem Bild?

O. Worüber freuen sich die Berliner und was tun sie?

Nach dem Lesen
Übungen

1 Welches Wort passt in welche Lücke?

Ergänze den Text mit einem passenden Wort aus dem Kasten.

aufgeben	König	Müller	Vater	behalten	kostet
Richter	Vergiss	eingeladen	Lärm	schlafen	verkaufen
Fritz	laut	Schloss	vorgespielt	Große	Majestät
Sohn		wohne	komponiert	Mühle	Sorge

Friedrich der ___1___, der ___2___ von Preußen, hat gern seine Zeit im ___3___ Sans Souci verbracht. Er hat dorthin seine Freunde ___4___, er hat dort Musik ___5___ und seinen Freunden ___6___.

Als Friedrich II., der Alte ___7___, älter war, wollte er ruhig und ohne ___8___ im Schloss Sans Souci leben. Aber da war ein Problem: Gleich in der Nähe war eine ___9___. Der ___10___ der Mühle war so ___11___, dass der König nicht ___12___ konnte.

Er ließ den ___13___ kommen. „Du musst deine Mühle ___14___, denn sie ist zu laut. Was ___15___ sie?"

„Ich will die Mühle ___16___. Mein ___17___ hat darin gewohnt, ich ___18___ jetzt da, und mein ___19___ wird da wohnen. Ich verkaufe die Mühle nicht!"

„Du musst die Mühle ___20___! ___21___ nicht, ich bin dein König!"

„Ich fürchte mich nicht vor Eurer ___22___. In Berlin gibt es ___23___!" Der Müller konnte seine Mühle behalten.

2 Die richtige Antwort

Sag oder schreib die richtige Antwort zu jeder Frage.

1. Wer war Moses Mendelssohn?
2. Wer war Felix Mendelssohn?
3. Warum hat der König Mendelssohn zum Abendessen eingeladen?
4. Warum nimmt der König immer wieder seine Uhr aus der Tasche?
5. Was sieht Mendelssohn, als er an seinen Platz kommt?
6. Was hat der König auf den Zettel geschrieben?
7. Wie hat Mendelssohn das vorgelesen, was auf dem Zettel steht?

3 Die richtige Reihenfolge
Welcher Satz kommt zuerst? Dann? Danach?

A. Eines Tages reitet der König mit einem Diener durch die Straßen Berlins.

B. Dann ruft der König: „Hängt das Bild tiefer, damit man es sehen kann."

C. Die Berliner kaufen ihren Kaffee in anderen Ländern.

D. „Die Berliner können Wasser, Bier, Milch oder Wein trinken."

E. Was sieht er? – Sich selbst auf einem Stuhl mit einer Kaffeemühle zwischen den Beinen.

F. Die Berliner freuen sich über den Humor ihres Königs und zerreißen das Bild in kleine Stücke.

G. Der König reitet nach Hause. Aber jetzt schmeckt ihm der Kaffee nicht mehr so gut.

H. Die Berliner waren einmal sehr böse auf ihren König.

I. Der König will das Bild sehen und reitet zum Haus heran.

J. Der König hatte das nicht gern. „Das Geld soll in Preußen bleiben!"

1. _____ 2. _____ 3. _____ 4. _____ 5. _____

6. _____ 7. _____ 8. _____ 9. _____ 10. _____

4 Zum Überlegen
1. Was für ein Mann war Friedrich der Große?

2. Wie machte er sich beliebt?

3. Welche Adjektive beschreiben den Charakter der Königs?

5 Und du?
Erzähle eine Anekdote über Friedrich den Großen einem Klassenkameraden oder einer anderen Person, die du kennst.

6 Zu zweit
Schreibt zu zweit einen Dialog zwischen Friedrich II. und dem Müller. Spielt die Szene dann der Klasse vor.

P. Wer war Friedrich August I. und wann lebte er?

Q. Wie wurde er König von Polen?

R. Was hat August der Starke für Dresden getan?

Friedrich August I.
(der Starke)

August I. wurde 1670 in Dresden geboren. Er war intelligent und sehr kräftig und wurde deshalb „der Starke" genannt. Als junger Mann reiste August durch Europa und war an allen Höfen sehr beliebt. Nach dem Tode seines Bruders im Jahre 1694 wurde August mit 24 Jahren Kurfürst von Sachsen.

Als 1697 der König von Polen starb, nahm August den katholischen Glauben an und wurde im selben Jahr als Friedrich August II. zum König von Polen gewählt.

August der Starke förderte Architektur und Kunst. Er ließ prächtige barocke Bauwerke errichten, wie den Dresdner Zwinger, die Frauenkirche, Schloss Moritzburg. August kaufte Gemälde für die Dresdner Gemäldegalerie und andere Kunstschätze fürs „Grüne Gewölbe".

August der Starke beauftragte seinen Chemiker, Gold herzustellen. Aber anstatt Gold erfand der Chemiker das Porzellan, das „weiße Gold". Daraufhin errichtete August der Starke 1710 die Meissener Porzellanmanufaktur. August der Starke starb 1733.

Der König von Sachsen
findet seinen Meister

Die folgende Anekdote erzählt man von August dem Starken.

Der König reitet auf die Jagd[1]. Auf dem Wege verliert sein Pferd ein Hufeisen[2]. Der König reitet langsam weiter durch den Wald, bis er in ein kleines Dorf kommt. Dort findet er einen Schmied[3].

S. Was passiert auf dem Wege zur Jagd?

1 hunt 2 horseshoe 3 blacksmith

„Ich brauche ein neues Hufeisen für mein Pferd", sagt er zum Schmied.

Der Schmied nimmt ein Stück Eisen und legt es ins Feuer. Er schmiedet ein starkes Hufeisen und gibt es dem König. Der König nimmt das Hufeisen in seine starken Hände und zerbricht[1] es.

„Nimm ein besseres Eisen, Schmied! Nimm das beste Eisen das du hast! Nur das beste Eisen ist stark genug für mein Pferd."

Der Schmied nimmt ein neues Stück Eisen und legt es ins Feuer. Wieder schmiedet er ein starkes Hufeisen und gibt es dem König. Der König nimmt auch dieses Eisen in seine starken Hände und zerbricht es.

„Nimm ein noch besseres Eisen! Nimm das beste Eisen der Welt! Nur das beste Eisen ist stark genug für mein Pferd!"

Der König zerbricht noch mehrere Hufeisen, bis er sagt: „Das hier ist gut genug!" Der Schmied schlägt[2] das Eisen an den Huf des Pferdes. Der König steigt[3] in den Sattel, gibt dem Schmied einen Silbertaler und sagt „Auf Wiedersehen!"

Da ruft der Schmied: „Halt! Dieser Silbertaler ist schlecht. Er ist nicht stark genug für mich." Und er bricht den Taler vor den Augen des Königs in zwei Stücke.

Der König gibt ihm einen anderen Silbertaler. Der Schmied nimmt auch diesen in seine starken Hände und zerbricht ihn in zwei Stücke. Und er zerbricht noch mehrere Silbertaler, bis ihm der König endlich ein Goldstück gibt.

Der König reitet weg und denkt: „In diesem Schmied habe ich meinen Meister gefunden."

---

1 breaks **2** nails **3** climbs

T. Wohin reitet der König und wen sucht er?

U. Was macht der König mit jedem Hufeisen und warum?

V. Wann ist der König zufrieden?

W. Was gibt der König dem Schmied, und was tut dieser damit?

X. Womit ist der Schmied nicht zufrieden, und was gibt ihm der König deshalb?

Nach dem Lesen
Übungen

1 Was passt zusammen?

Was weißt du alles über Friedrich August?

1. Friedrich August wurde 1670 _____ .
2. Mit 24 Jahren wurde er _____ .
3. Im Jahre 1697 wurde er _____ .
4. Der König war sehr kräftig und wurde _____ .
5. Der König förderte Kunst und _____ .
6. Er baute den Dresdner _____ .
7. Und er baute auch Schloss _____ .
8. Er kaufte Gemälde für die Dresdner _____ .
9. Und er kaufte andere Kunstschätze fürs _____ .
10. 1710 errichtete er die Meissener _____ .

a. Architektur
b. „der Starke" genannt
c. Gemäldegalerie
d. Grüne Gewölbe
e. in Dresden geboren
f. König von Polen
g. Kurfürst von Sachsen
h. Moritzburg
i. Porzellanmanufaktur
j. Zwinger

2 Welches Wort passt in welche Lücke?

Ergänze den Text mit einem passenden Wort aus dem Kasten.

beste	Huf	reitet	Silbertaler	bricht	Hufeisen	Sattel
starken	Eisen	König	schlecht	stärkeres	Feuer	
Meister	Schmied	zerbricht	Goldstück	Pferd	schmiedet	

Der König __1__ auf die Jagd. Auf dem Wege verliert sein Pferd ein __2__ . Der König reitet in ein Dorf und findet einen __3__ . „Ich brauche ein neues Hufeisen für mein __4__ ." Der Schmied nimmt ein Stück __5__ und legt es ins __6__ . Er __7__ ein starkes Hufeisen und gibt es dem __8__ . Der nimmt das Hufeisen in seine __9__ Hände und __10__ es.

Der Schmied schmiedet ein __11__ Hufeisen, aber das zerbricht der König wieder. „Nur das __12__ Eisen ist genug für mein Pferd. Das da ist gut genug!" Der Schmied schlägt das Eisen an den __13__ des Pferdes. Der König steigt in den __14__ und gibt dem Schmied einen __15__ . Das sagt der Schmied: „Der Silbertaler ist __16__ ", und er __17__ den Taler in zwei Stücke. Und er zerbricht noch mehrere Taler, bis ihm der König ein __18__ gibt. Der König reitet weg und denkt: „In diesem Schmied hab ich meinen __19__ gefunden."

3 Steckbriefe

Welche Informationen über die beiden Könige hast du dir gemerkt?
Schreib die Antworten auf ein Blatt Papier.

1. Geboren im Jahre _____ .
2. Geboren in _____ .
3. Wird mit 28 Jahren _____ .

4. Beiname: _____ .
5. War ein begabter _____ .
6. Baute Schloss _____ .
7. War ein Autor in _____ Sprache.

1. Geboren im Jahre _____ .
2. Geboren in _____ .
3. Wird mit 24 Jahren _____ .
4. Wird mit 27 Jahren _____ .
5. Beiname: _____ .
6. War intelligent und sehr _____ .
7. Baute Schloss _____ .
8. Errichtete 1710 die _____ .

4 Wer hat was gesagt?

	Friedrich	August
1. Ich brauche ein neues Hufeisen.	_____	_____
2. Du musst die Mühle aufgeben.	_____	_____
3. Was für ein Zettelchen steckt der Philosoph in die Tasche?	_____	_____
4. Nimm nur das beste Eisen für mein Pferd!	_____	_____
5. Warum hängt das Bild so hoch? Hängt es tiefer!	_____	_____
6. Hier, nimm dieses Goldstück.	_____	_____
7. Will er uns nicht sagen, was auf dem Zettelchen steht?	_____	_____
8. In diesem Schmied hab ich meinen Meister gefunden.	_____	_____

5 Und du?

Erzähle die Anekdote von August dem Starken einem
Klassenkameraden oder einer anderen Person.

Dies und das

1 Minimärchen

Lies diese beiden Märchen.
Du musst dabei aber das richtige
Wort für die Lücke finden.
Die Wörter stehen im Kasten.

Bett	grün	kalt	klein
Mann	nass	Männchen	raus

Es war einmal ein _____,
der hatte einen Schwamm[1].
Der Schwamm war ihm zu _____
da ging er auf die Gass'[2].
Die Gass' war ihm zu _____,
da ging er in den Wald.
Der Wald war ihm zu _____,
da ging er nach Berlin.
Berlin war ihm zu _____,
da ging er wieder heim
und legte sich ins _____
und wurde dick und fett.

Er war einmal ein _____,
das kroch in ein Kännchen[3],
dann kroch es wieder _____,
da war die Geschichte aus.

2 Stumpfsinn[4]-Gedichte

Lies diese beiden Gedichte. Versuche, so ein Stumpfsinn-Gedicht zu schreiben.

Der Frosch ist schön
ganz unbedingt,
man kennt ihn besonders
   am Hupfen.
Ins kalte Wasser
froh er springt,
und bekommt doch nie
   einen Schnupfen[5].

Die Nachtigall
singt überall
doch am liebsten
   singt sie nächtlich.
Wär 's nicht der Fall[6],
hieß sie Tagtigall,
und der Stumpfsinn
   wäre beträchtlich[7].

....

1 sponge   **2** alley   **3** little jug   **4** nonsense   **5** a cold   **6** if it were no so   **7** would be considerable

2

Vor dem Lesen
München und der
Chaplin der deutschen Sprache

Lesestrategie

Die Absicht des Autors erkennen Beim Lesen eines Textes ist es wichtig, die Absicht des Autors zu erkennen. Autoren können die Leser informieren oder ihnen etwas erklären, sie können eine Stimmung schaffen, um die Leser emotional in den Text hineinzuziehen und sie dadurch überzeugen, an etwas zu glauben oder etwas zu fühlen. Die Absicht des Autors zu erkennen hilft dem Leser, einen Text leichter zu verstehen, ihn besser einzuschätzen und zu bewerten.

Übung

Um die Absicht des Autors dieses Textes zu erkennen, beantworte die folgenden Fragen.

1. Wer hat den Text geschrieben?
2. Um was für eine Textart handelt es sich?
3. An wen richtet sich der Text? Wer ist die Zielgruppe?
4. Was will der Autor erreichen?
5. Mit welchen Mitteln versucht der Autor, seine Absicht zu erreichen?

Landeskunde

Karl Valentin, 1882 in München geboren, war Autor, Kabarettist, Komiker und Filmproduzent. Als Parodist und Mimiker trat er allein oder später mit seiner Bühnenpartnerin Liesl Karlstadt auf vielen bekannten Bühnen auf. Er spielte in München und vielen anderen bayrischen Städten, in Zürich, in Berlin und in Wien. Valentin wurde von den Nazis boykottiert und trat seit 1941 nicht mehr auf. Nach dem Krieg trat er 1947 wieder auf, starb aber schon 1948.

Karl Valentin

München und der Chaplin der deutschen Sprache

Beim Lesen

Was für eine Geschichte
erwartest du, wenn du diese
Überschrift liest? Etwas
Trauriges? Etwas
Lustiges? Einen trockenen Bericht?

A. Was befindet sich im
Isartor? Was kostet
der Eintritt?

B. Was war Karl Valentin
alles?

C. Wie dachte er über den
Zweiten Weltkrieg
nach?

D. Was hat Valentin mit
James Joyce zu tun?

In München, im südlichen Turm[1] des Isartors, gibt es im zweiten Stock ein kleines Museum, das Valentin Musäum*. Valentin war ein Sänger, ein Dichter[2], ein Schauspieler, aber irgendwie auch ein Philosoph, der zum Beispiel über den Zweiten Weltkrieg folgendermaßen nachdachte[3]: Ich weiß, sagte er, woher der Treibstoffmangel[4] im Weltkrieg kam. Da sind die englischen Flugzeuge immer nach Deutschland hinüber geflogen, und die deutschen nach England, und jeder hat über dem andern Land Bomben abgeworfen[5]. Man hätte doch viel Treibstoff sparen können, wenn die Engländer einfach aufgestiegen wären und ihre Bomben über England abgeworfen hätten und umgekehrt die Deutschen auch . . .

Kann man die Sinnlosigkeit[6] des Krieges besser darstellen[7]? Karl Valentin, den viele Menschen für ein bisschen verrückt hielten[8], vergleichen[9] bedeutende Essayisten sogar mit James Joyce. Valentin wurde 1882 in München geboren. Nach einem Kurs in einer Varietéschule, trat er als Komiker auf. Er entdeckte seine Kunst so schnell wie Charlie Chaplin seine Kunst entdeckt hatte.

Valentin zeigte seinem Publikum, dass die meisten Wörter viele Bedeutungen[10] haben, besonders wenn man die Wörter wörtlich nimmt. Auf Seite 15 ist eine Szene mit einem Verkäufer:

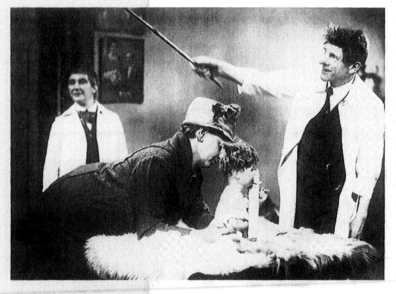

Aus: «Im Fotoatelier»

*Das Valentin-Musäum ist ein Paradies für alle Valentin-Fans und alle, die einen Sinn für Unsinn, Hintersinn und Tiefsinn haben. Das Musäum dokumentiert das Leben und Werk des großen Komikers Karl Valentin (1882-1948). Der Eintritt war bisher immer 299 Pfennige. Seit dem 1.1.2002 kostet der Eintritt 199 bayrische Centerl.

. . . .

1 tower **2** poet **3** thought about **4** fuel shortage **5** dropped **6** senselessness
7 demonstrate **8** thought to be a little crazy **9** compare **10** meanings

Bei Schaja

VERKÄUFER	Sie wünschen?
VALENTIN	Eine Leica.
VERKÄUFER	Zur Zeit haben wir leider keine da.
VALENTIN	Wann bekommen Sie wieder welche?
VERKÄUFER	Schauen Sie in vierzehn Tagen wieder her[1].
VALENTIN	Herschauen? Ich seh so schlecht. Außerdem wohne ich in Planegg, 15 Kilometer von München entfernt, und so weit seh ich nicht.
VERKÄUFER	Ich meine, kommen Sie in vierzehn Tagen wieder her!
VALENTIN	Kommen, ja. Und dann haben Sie Leicas bekommen?
VERKÄUFER	Vielleicht.
VALENTIN	Vielleicht? Ich kann ja auch nicht „vielleicht" kommen. Ich komme bestimmt[2].
VERKÄUFER	Bestimmt? Ich kann natürlich nicht garantieren, ob in vierzehn Tagen bestimmt Leicas eingetroffen sind[3].
VALENTIN	Dann ist es ja auch nicht nötig[4], dass ich in vierzehn Tagen kommen soll.
VERKÄUFER	Sie können ja auch später kommen.
VALENTIN	Um wie viel Uhr?
VERKÄUFER	Ich meine – acht Tage später kommen.
VALENTIN	Also in drei Wochen.
VERKÄUFER	Ja. Sie können auch früher kommen.
VALENTIN	Wer? Ich?
VERKÄUFER	Nein, die Leicas.
VALENTIN	Und ich erst in drei Wochen?
VERKÄUFER	Nein! Wenn die Leicas früher eintreffen, dann können Sie früher eine haben, wenn wir welche haben.

Valentin als Fotograf

---

1 look in   2 for sure   3 have arrived   4 necessary

Beim Lesen

Warst du schon einmal in einem Geschäft und hast nicht das bekommen, was du kaufen wolltest?

E. Welches Wort verwirrt Valentin?

F. Warum verwirrt ihn das Wort „vielleicht"?

G. Warum fragt Valentin „um wie viel Uhr"?

H. Warum ist das Wort „Sie" verwirrend?

I. Was möchte Valentin am liebsten?

J. Wann soll Valentin erst kommen?

K. Warum kann Valentin nicht „herschauen"?

L. Wie ist Valentins Werk entstanden?

M. Was meinen manche Leute?

VALENTIN Wenn ich aber auch früher komme, und Sie haben dann noch keine, soll ich dann etwas später kommen?

VERKÄUFER Selbstverständlich[1].

VALENTIN Wann?

VERKÄUFER Das ist unbestimmt.

VALENTIN Und wann wäre es dann bestimmt?

VERKÄUFER Sobald[2] welche da sind.

VALENTIN Momentan haben sie also keine da.

VERKÄUFER Nein.

VALENTIN Am liebsten wäre mir, wenn ich jetzt gleich eine haben könnte, dann brauchte ich nicht mehr zu kommen.

VERKÄUFER Das wäre mir auch das Liebste, wenn Sie nicht mehr kommen würden.

VALENTIN Ich soll nicht mehr kommen?

VERKÄUFER Freilich[3] können Sie kommen, aber doch erst, wenn wir wieder Leicas haben.

VALENTIN Und wann haben sie welche?

VERKÄUFER Ich sagte Ihnen ja schon, schauen Sie in vierzehn Tagen wieder her.

VALENTIN Herschauen? Ich schau so schlecht! Außerdem wohne ich in Planegg, 15 Kilometer von München entfernt, und so weit sehe ich nicht.

Und so geht das weiter!

Man wartet und wartet. Aber es geht einem dabei keineswegs[4] so wie Valentin einmal das Warten beschrieben hat: „Erst warte ich langsam, dann immer schneller und schneller."

Valentin hat mit der Sprache und den Wörtern gekämpft[5] wie mit den Menschen. Daraus ist eines der geistreichsten Werke[6] der nicht immer witzigen deutschen Literatur entstanden. Es gibt Leute, die behaupten, Karl Valentin wäre als Engländer oder Amerikaner weltberühmt geworden[7].

---

1 of course **2** as soon as **3** of course **4** in no way **5** fought **6** most clever works
7 would have been world-famous

Nach dem Lesen
Übungen

1 Verteilte Rollen

Zwei Schüler übernehmen die Rollen von Verkäufer und Valentin und lesen die Szene „Bei Schaja" der Klasse vor.

2 Welches Wort passt in welche Lücke?

Ergänze den Text mit einem passendem Wort aus dem Kasten.

bekommen	meine	Tage	garantieren	nötig	Uhr
Kilometer	seh	weit	kommen	später	wohne

- Herschauen? Ich ___1___ so schlecht. Außerdem ___2___ ich in Planegg, fünfzehn ___3___ von München entfernt, und so ___4___ seh ich nicht.
- Ich meine, ___5___ Sie in vierzehn Tagen wieder her.
- Und haben Sie dann Leicas ___6___?
- Ich kann natürlich nicht ___7___, ob Leicas dann eingetroffen sind.
- Dann ist es ja auch nicht ___8___, dass ich in vierzehn Tagen komme.
- Sie können ja auch ___9___ kommen.
- Um wie viel ___10___?
- Ich ___11___, acht ___12___ später kommen.

3 Der Kampf mit den Wörtern

Die folgenden Wörter verwirren Valentin, den Mann der die Leica kaufen will. Gib für jedes Wort eine Erklärung.

herschauen   vielleicht   später kommen

4 Und du?

Schreib mit einem Klassenkameraden eine ähnliche Szene. Überleg dir zuerst welchen Artikel du kaufen möchtest und in welches Geschäft du gehen möchtest.

Und hier ist eine andere Szene.

Wo ist meine Brille?

Beim Lesen

Trägst du eine Brille?
Kannst du sie manchmal
nicht finden? Warum nicht?

N. Worüber wird der
Mann ein wenig böse?

MANN   Klara! Ich finde meine Brille nicht. Weißt du, wo meine Brille ist?

FRAU   In der Küche hab ich sie gestern liegen sehen. Was heißt gestern? Vor einer Stunde hab ich doch noch gelesen damit.

FRAU   Das kann schon sein, aber gestern ist die Brille in der Küche gelegen.

MANN   So red doch keinen solchen unreinen Mist[1], was nützt mir denn das, wenn die Brille gestern in der Küche gelegen ist!

FRAU   Ich sag dir's doch nur, weil du sie schon ein paarmal in der Küche hast liegen lassen[2].

MANN   Ein paarmal! Die habe ich schon öfters liegen lassen. Wo sie jetzt liegt, das will ich wissen!

FRAU   Ja, wo sie jetzt liegt, das weiß ich auch nicht; irgendwo wird s' schon liegen.

Valentin und seine Assistentin Liesl Karlstadt

1 don't talk such unclean drivel   **2** left them

Beim Fotografieren

MANN — Irgendwo! Freilich liegt s' irgendwo – aber wo – wo ist denn irgendwo?

FRAU — Irgendwo? Das weiß ich auch nicht – dann liegt s' halt woanders.

MANN — Woanders[1]? – Woanders ist doch irgendwo.

FRAU — Ach, red doch nicht so saudumm daher[2], woanders kann doch nicht zu gleicher Zeit „woanders" und „irgendwo" sein! – Alle Tage ist diese Sucherei nach der saudummen Brille. Das nächste Mal merk dir halt[3], wo du sie hinlegst, dann weißt du, wo sie ist.

MANN — Aber Frau!!! So kann nur wer daherreden, der von einer Brille keine Ahnung hat. Wenn ich auch weiß, wo ich sie hingelegt hab, das nutzt mir gar nichts, weil ich doch nicht sehe, wo sie liegt, weil ich doch ohne Brille nicht sehen kann.

FRAU — Sehr einfach! Dann musst du eben noch eine Brille haben, damit du mit der einen Brille die andere suchen kannst.

MANN — Hm!! Das wäre ein teurer Spaß[4]! 1000-mal im Jahr verleg ich meine Brille, wenn ich da jedesmal eine Brille dazu bräuchte – die billigste Brille kostet drei Mark – das wären um 3000 Mark Brillen im Jahr.

FRAU — Du Schaf! Du brauchst doch nicht 1000 Brillen!

O. Über welche Wörter streiten die beiden?

P. Was schlägt die Frau vor?

Q. Warum kann der Mann die Brille nicht finden?

R. Warum gefällt dem Mann diese Idee nicht?

---

1 someplace else **2** don't talk so stupid **3** remember **4** That would be an expensive undertaking!

S. Warum braucht der Mann unbedingt zwei Brillen?

T. Wo könnte die Brille auch sein?

U. Welches Wort verwirrt die Frau jetzt?

V. Wo ist die Brille wirklich?

MANN	Aber zwei Stück unbedingt[1], eine kurz- und eine weitsichtige[2]. – Nein, nein, da fang ich lieber gar nicht an. Stell dir vor, ich habe die weitsichtige verlegt und habe nur die kurzsichtige auf, die weitsichtige liegt aber weit entfernt, so dass ich die weitsichtig entferntliegende mit der kurzsichtigen Brille nicht sehen kann.
FRAU	Dann lässt du einfach die kurzsichtige Brille auf und gehst so nahe an den Platz hin, wo die weitsichtige liegt, damit du mit der kurzsichtigen die weitsichtige liegen siehst.
MANN	Ja, ich weiß doch den Platz nicht, wo die weitsichtige liegt.
FRAU	Der Platz ist eben da, wo du die Brille hingelegt hast[3].
MANN	Um das handelt es sich ja[4]! – Den Platz weiß ich aber nicht mehr!
FRAU	Das verstehe ich nicht! – Vielleicht hast du sie im Etui[5] drinnen.
MANN	Ja!!! Das könnte sein. Da wird sie drinnen sein. Gib mir das Etui her.
FRAU	Wo ist denn das Etui?
MANN	Das Etui ist eben da, wo die Brille drinnen steckt.
FRAU	Immer ist die Brille auch nicht im Etui.
MANN	Doch! – Die ist immer im Etui. Außerdem[6] ich hab s' auf.
FRAU	Was? Das Etui?
MANN	Nein! – Die Brille!
FRAU	Jaaaa! Was seh ich denn da? – Schau dir doch einmal auf deine Stirne hinauf!
MANN	Da seh ich doch nicht hinauf.
FRAU	Dann greifst du hinauf[7]! – Auf die Stirne hast du deine Brille hinaufgeschoben[8]!
MANN	Ah! Stimmt! – Da ist ja meine Brille! – Aber leider? *Sehr schnell.*
FRAU	Was leider?
MANN	Ohne Etui!

1 absolutely **2** near- and farsighted **3** put them down **4** That's the point.
5 glasses case **6** unless **7** reach up **8** pushed up

Nach dem Lesen
Übungen

1 Verteilte Rollen

a. Zwei Schüler übernehmen die Rollen von Frau und Mann und lesen die Szene „Wo ist meine Brille?" der Klasse vor.

b. In Gruppen sucht euch eine kurze Stelle aus dem Dialog aus und spielt ihn der Klasse vor. Gebraucht dabei Dinge wie eine Brille, ein Brillenetui, usw.

2 Welches Wort passt in welche Lücke?

Ergänze den Text mit einem passenden Wort aus dem Kasten.

brauchst	Schaf	suchen	Brille	Spaß	verleg
Etui	Stirne	weiß	kaufen	Stück	weitsichtige

- Du musst eben noch eine ___**1**___ haben, damit du mit dieser Brille deine Brille ___**2**___ kannst.
- Das wäre ein teurer ___**3**___! 1000-mal im Jahr ___**4**___ ich meine Brille. Ich kann mir doch nicht 1000 Brillen ___**5**___!
- Du ___**6**___! Du ___**7**___ doch nicht 1000 Brillen!
- Aber zwei ___**8**___ unbedingt! Eine kurz- und eine ___**9**___.
- Vielleicht hast du deine Brille im ___**10**___?
- Aber ich ___**11**___ doch nicht, wo das Etui ist! Und ohne Brille kann ich das Etui nicht finden.
- Ja schau nur! Da ist ja deine Brille! Du hast sie nur auf die ___**12**___ hinaufgeschoben.
- Also ist die Brille doch nicht im Etui!

3 Der Kampf mit den Wörtern

Such die Wörter aus dem Text, mit denen Karl Valentin „kämpft" und schreib sie auf ein Blatt Papier. Diskutier mit einem Klassenkameraden, warum jedes dieser Wörter ein Problem sein kann.

4 Und du?

Schreib allein oder mit einem Klassenkameraden eine ähnliche Szene. Lies sie der Klasse vor oder spiel sie mit einem Klassenkameraden der Klasse vor.

Dies und das

1 **Schon gehört?**

Welcher Witz gefällt dir am besten? Erzähl ihn einem Klassenkameraden.

Ein Glühwürmchen beim Augenarzt: „Ich brauche dringend eine Brille. Gestern Abend hab ich mich im Park beinah in eine brennende Zigarette verliebt[1]."

Die Mutter sagt zur kleinen Tochter: „Jetzt isst du aber sofort den Teller leer! Weißt du, was mit kleinen Mädchen geschieht, die ihre Suppe nicht essen?"
„Ja, die bleiben schlank und werden Mannequin[3]."

Ein Mann ruft um Mitternacht beim Arzt an. „Bitte kommen Sie sofort, Herr Doktor. Meine Frau hat Fieber."
– „Ist es hoch?"
– „Nein", sagt der Mann, „im ersten Stock."

– **„Mein Hund ist weggelaufen. Was soll ich tun?"**
– **„Setzen Sie doch eine Anzeige[2] in die Zeitung!"**
– **„Ja, aber er kann doch nicht lesen!"**

2 **Elefanten-Witze**

Kennst du einen Elefanten-Witz? Welcher gefällt dir am besten?

Was ist der Unterschied[4] zwischen Flöhen und Elefanten?
Ganz einfach. Elefanten können Flöhe haben, aber Flöhe keine Elefanten.

Warum gibt es eigentlich keine blauen[5] Elefanten?
Ist doch ganz klar. Der Verkauf von Alkohol an Elefanten ist streng verboten.

Ein Elefant klettert auf einen Baum. Wie kommt er wieder runter?
Er setzt sich auf ein Blatt und wartet auf den Herbst.

Ein Elefant und eine Maus gehen über eine Holzbrücke.
Da sagt die Maus zum Elefanten: „Hörst du, wie wir trampeln?"

. . . .

1 fell in love with **2** ad **3** model **4** difference **5** here: drunk

Kapitel

3 *Vor dem Lesen*
Der Eilbote

Lesestrategie

Ursache und Wirkung analysieren Eine Ursache ruft eine Wirkung hervor; eine Wirkung wird durch eine Ursache hervorgerufen. (Ursache: Hunger; Wirkung: Essen) Wenn ein Autor in einem Teil des Textes entweder nur die Ursache oder die Wirkung darstellt, so müssen die Leser den fehlenden Teil selbst einfügen. Um dieses Verhältnis von Ursache und Wirkung zu analysieren und den Zusammenhang zu verstehen, müssen wir unser Vorwissen und unsere Erfahrungen gebrauchen.

Übung

Um in einem Text Ursache und Wirkung zu analysieren hilft es, auf die Wörter „wenn", „weil" und „dann" zu achten; aber manchmal fehlen diese auch im Text.

Welche Wörter, die Ursache und Wirkung beschreiben, passen zusammen?

1. Das Telefon klingelt
2. Wenn Sie den Brief wollen,
3. Weil der Postbote Urlaub hat,
4. Wenn Sie einverstanden sind,
5. Es läutet an der Tür,

a. können wir den Brief nicht schicken.
b. und meine Frau schaut nach, wer da ist.
c. schicken wir den Eilboten.
d. und ich gehe ran.
e. müssen sie ihn selbst abholen.

Landeskunde

Im Bayrischen Wald, in der Nähe der Stadt Regen, liegt die Burgruine Weißenstein. Zur Burg gehört auch ein mittelalterlicher Turm, wo der aus Livland stammende Literat Siegfried von Vegesack (1888-1974) und seine schwedische Frau Clara Nordström (1886-1962) wohnten und über 80 literarische Werke schrieben, darunter Romane, Essays, Gedichte, Schauspiele sowie Übersetzungen aus dem Schwedischen und Russischen.

Burgruine Weißenstein

Der Eilbote[1]

Beim Lesen

A. Was macht der Mann gerade, als das Telefon klingelt?

B. Warum ruft das Postamt an?

C. Warum kann der Mann den Brief nicht selbst abholen?

D. Warum muss der Mann für die Zustellung Geld zahlen?

E. Wen soll der Mann aufs Postamt schicken? Warum?

In der Früh um acht klingelte das Telefon. Ich wollte mich gerade rasieren[2] und hatte mir beide Backen eingeseift[3], als Marlies ins Zimmer stürzte und rief: „Das Postamt will dich sprechen, komm schnell ans Telefon." „Das Postamt?" fragte ich und legte das Rasiermesser aus der Hand und ging zum Telefon.

„Grüß Gott, hier spricht das Postamt. Wir haben einen Expressbrief für Sie."

„Ja – und?"

„Ich möchte nur fragen, ob wir den Brief zu Ihnen raufschicken[4] sollen, oder ob Sie ihn selbst holen wollen?"

„Ich möchte natürlich, dass Sie den Brief heraufbringen. Ich komme heute nicht ins Dorf hinunter und habe auch niemanden, den ich hinunterschicken[5] kann."

„Hm, ja dann. Aber der Postbote ist schon unterwegs[6], er kommt erst abends zurück. Und wenn Sie den Expressbrief noch heute haben wollen . . . "

„Natürlich will ich ihn noch heute haben . . . "

„Hm, dann müssen wir ihn halt doch mit einem Eilboten schicken. Das kostet aber fünfzig Pfennig Zustellungsgebühr[7]. Wenn Sie ihn selbst holen, brauchen Sie nichts zu bezahlen."

„Es ist schön, dass Sie sich so um meine Finanzen sorgen[8]. Aber ich kann nicht ins Dorf kommen."

---

1 express messenger   **2** I was about to shave   **3** lathered both cheeks   **4** send up (the hill)   **5** send down   **6** on the road   **7** delivery charge   **8** care about

„Ja. Können Sie dann nicht vielleicht eines Ihrer Kinder schicken oder Ihre Frau?"

„Nein, wir haben heute alle keine Zeit. Ich will, dass man den Brief mit dem Eilboten zustellt[1]."

„Ja, wenn Sie das Geld halt nicht sparen wollen und auf eine Zustellung durch Eilboten bestehen[2], dann muss eben der Eilbote zu Ihnen kommen."

„Ja, also bitte, schicken Sie den Eilboten los. Auf Wiederhören!" Der Rasierschaum war inzwischen angetrocknet[3]. Ich musste mich nochmals einseifen. Und während ich mich in aller Ruhe und mit aller Sorgfalt[4] rasierte, vergaß ich den Eilbrief ganz.

Erst nachmittags tauchte das Thema wieder auf. Das Telefon klingelte noch einmal. Der Postbeamte wollte mich wieder sprechen. „Guten Tag. Ich möchte Ihnen doch nochmal vorschlagen[5], den Brief selbst abzuholen."

„Wieso? Ich habe Ihnen doch gesagt, dass ich eine Zustellung durch Eilboten wünsche."

„Ja, ja, aber momentan ist das leider nicht möglich. Unser Eilbote Xaver Kröss hat heute Urlaub. Er sammelt im Hintertüpfinger Wäldchen Pilze[6]. Er kennt dort alle guten Stellen. Er ist ein Spezialist auf diesem Gebiet[7]. Also wenn Sie mal Pilze brauchen: Der Xaver bringt Ihnen ein Pfund Pfifferlinge[8] für zwei Mark."

„Ich will nicht, dass mir Ihr Eilbote Pilze bringt, sondern ich will, dass er mir meinen Eilbrief bringt. Sie müssen doch eine Urlaubsvertretung[9] haben."

F. Warum ruft das Postamt später noch einmal an?

G. Warum kann der Kröss nicht kommen?

H. Warum erzählt wohl der Postbeamte die Geschichte von den Pilzen?

---

1 delivers **2** insist upon **3** dried up **4** care **5** once again suggest **6** mushrooms
7 in this field **8** a type of mushroom **9** vacation substitute

Beim Lesen

I. Warum kann der Lallinger auch nicht kommen?

J. Wer ist der dritte Eilbote?

K. Was will der Dimpfel für den Botengang?

„Doch, das haben wir schon. Unser zweiter Eilbote ist der Franz Lallinger."

„Also dann schicken Sie mir den Lallinger. Es ist mir ganz gleich, ob Sie mir den Kröss oder den Lallinger schicken."

„Ja, aber der Lallinger kann nicht kommen."

„Sammelt der etwa auch Pilze?"

„Nein, aber er ist auf der Kirchweih[1] in Oberviehbach."

„So, so, auf der Kirchweih in Oberviehbach."

„Ja, oder ist er in Niederviehbach? Richtig, in Niederviehbach ist er. Die Oberviehbacher haben ihr Kirchweihfest ja im April."

„Aber das geht doch nicht. Sie müssen doch eine Urlaubsvertretung haben. Sie müssen doch einen Eilboten haben."

„Ja freilich, wir haben noch einen Eilboten, den Alois Dimpfel. Aber der ist schon achtundachtzig Jahre alt. Wenn Sie einvestanden sind[2], könnte ich ihn schicken."

„Ist denn der noch im Dienst[3]? Er müsste doch längst pensioniert sein[4]."

„Ja, pensioniert ist der schon, aber in Ausnahmefällen[5] macht der für eine Maß[6] Bier auch mal einen Botengang[7]."

„Gut, dann schicken Sie mir ihn. Eine Maß Bier bekommt er schon."

„Bei der Hitze heute trinkt der Dimpfel aber vielleicht auch zwei Maß."

„Also, meinetwegen auch zwei Maß, aber schicken Sie ihn um Himmels willen endlich los."

1 parish fair   2 if you agree   3 on duty   4 should have retired   5 cases of emergency
6 liter   7 delivery

Dann ging ich baden, lag in der Sonne, spielte mit meinen Kindern im Wald und kam erst gegen fünf Uhr nach Hause. Den Expressbrief und den Eilboten hatte ich inzwischen[1] längst vergessen. Es wurde sechs, es wurde sieben. Wir saßen gerade beim Abendessen, da läutete es an der Tür. Marlies lief hinaus, kehrte gleich wieder zurück und sagte: „Da draußen sitzt ein alter Mann und will dich sprechen."

Ich ging zur Tür. Da hockte[2] ein dünnes altes Männlein, wischte sich das Gesicht mit einem roten Tuch ab und stöhnte: „Oje oje, diese Hitze. Das ist halt schwer, bei dieser Hitze zu gehen."

„Guter Mann, kommen Sie doch herein, ruhen Sie sich etwas aus[3]. Sie sind sicher hungrig. Und durstig werden Sie auch sein."

Der Alte folgte mir in die Küche. Dort setzte er sich und ließ sich bedienen. Er aß zwei Teller Suppe, drei Butterbrote mit Rettich, Schinken und Speck. Dann verlangte[4] er eine Maß Bier. Kaum hatte ich es vor ihn hingestellt, da hatte er aus auch schon ausgetrunken.

„Die zweite Maß hätte ich jetzt gerne", sagte er dann. Das erschien mir doch etwas unverschämt[5]. Doch dann dämmerte es mir[6]. Das musste der Eilbote sein. Als ich ihm die zweite Maß vorgesetzt hatte[7], kramte er in seinen Taschen und holte endlich einen völlig zerknitterten[8], halb aufgeweichten[9] Brief hervor und sagte: „Ich bin nämlich der Dimpfel, der Eilbote."

Siegfried von Vegesack

1 in the meantime   2 squatted   3 take a rest   4 asked for   5 seemed to me impudent
6 it dawned on me   7 had placed in front of him   8 completely rumpled   9 half soaked

Beim Lesen

L. Warum hat der Mann seinen Eilbrief ganz vergessen?

M. Warum geht die Frau an die Tür? Wen sieht sie?

N. Warum lädt der Mann das alte Männlein ins Haus ein?

O. Was isst das alte Männlein alles?

P. Was findet der Mann nun unverschämt?

Q. Wer ist das alte Männlein?

Übungen

1 **Welche Antwort passt in die Lücke, a, b oder c?**

1. Das Telefon klingelte, als der Mann sich gerade _____ wollte.
   a. waschen   **b.** rasieren   **c.** anziehen

2. Am Telefon ist _____.
   a. das Postamt   **b.** der Eilbote   **c.** ein alter Mann

3. „Was soll ich mit Ihrem Eilbrief tun? Soll ich ihn _____?"
   a. hinunterschicken   **b.** raufschicken   **c.** abholen

4. „Ich will, dass man mir den Brief mit dem _____ zustellt."
   a. Expressbrief   **b.** Eilbrief   **c.** Eilboten

5. „Das ist nicht möglich, weil unser Eilbote heute _____ hat."
   a. keine Zeit   **b.** Urlaub   **c.** Ruhe

6. „Er ist heute im Wald und sammelt _____."
   a. Beeren   **b.** Holz   **c.** Pilze

7. „Haben Sie denn keine _____?"
   a. Familie   **b.** Urlaubsvertretung   **c.** Eilbriefe

8. „Ja schon, aber der ist auch nicht da, der ist _____. "
   a. auf der Kirchweih   **b.** auf dem Postamt   **c.** beim Abendessen

9. „Aber der alte Dimpfel, der bringt Ihnen den Brief für eine Maß _____."
   a. Suppe   **b.** Beeren   **c.** Bier

10. Abend hockte ein alter Mann vor _____.
    a. der Küche   **b.** dem Postamt   **c.** der Tür

11. Er kam in die Küche, setzte sich an den Tisch und aß zwei Teller _____.
    a. Speck   **b.** Suppe   **c.** Butterbrote

12. Danach holte er einen nassen Brief aus seiner Tasche und sagte: Ich bin _____!
    a. der Eilbrief   **b.** der Eilbote   **c.** der Postbote

2 Was sagen wohl diese Leute?

a. Sag oder schreib das Ende für jeden Satz.

1. Der Mann von der Post ruft an und sagt dem Mann, dass er _____.

2. Der Mann antwortet, er möchte, dass er _____.

3. Der Postbeamte sagt, dass der Postbote schon _____.

4. Der Postbeamte sagt dann, dass er einen Eilboten _____, aber das kostet _____.

5. Später ruft der Postbeamte wieder an und sagt, dass der Eilbote Kröss _____.

6. Er sagt, sie haben einen zweiten Eilboten, den Lallinger, aber der _____.

7. Und sie haben noch einen Eilboten, den Alois Dimpfel. Aber der _____.

b. Mach eine Skizze, in der der Postbeamte, der Postbote und der Eilbote etwas tun, was in der Geschichte beschrieben wird.

3 Drei verschiedene Gesichtspunkte

Die drei Eilboten berichten über diesen Tag aus ihrer Perspektive. Sag oder schreib auf, was jeder erzählt.

a. Xaver Kröss **b.** Franz Lallinger **c.** Alois Dimpfel

4 Gute Gründe oder Ausreden?

1. Welche Gründe (oder Ausreden) hat der Postbeamte dafür, dass er den Brief nicht hinaufschicken kann?

2. Welche Gründe oder Ausreden hat der Mann, dass er den Eilbrief nicht selbst abholen kann?

5 Und du?

1. Überlege dir, was der Mann wohl von der Post in diesem Dorf hält.

2. Überlege dir, wie der Postbeamte die Sache mit dem Brief sieht.

3. Wie würdest du diese beiden Menschen charakterisieren?

Dies und das

Von Menschen und Tieren

1

Die Biene und die Nachtigall

Lies diese Fabel und erzähle sie weiter[1].

Sssssss . . . eine Biene! Ssssss . . . plantsch! Die Biene fällt ins Wasser. Das sieht die Nachtigall. Sie sitzt auf einem Baum. Sie sieht die Biene im Wasser schwimmen, aber die Biene ist keine gute Schwimmerin. „Arme Biene!" denkt die Nachtigall. Sie nimmt ein Blatt vom Baum und lässt es ins Wasser fallen, direkt neben die Biene. Die Biene kriecht aufs Blatt, und ein paar Minuten später ist die Biene an Land. Sie trocknet sich und bald . . . sssssss . . . fliegt die Biene wieder über die Wiese, von Blume zu Blume.

Da kommt ein Junge durch die Wiese. Die Biene sieht ihn . . . sssssss . . . und fliegt weiter. Da sieht der Junge die Nachtigall auf dem Baum sitzen. Der Junge nimmt einen Stein in die Hand und will ihn auf die Nachtigall werfen – die schöne Nachtigall töten? Die Biene sieht, was der Junge tun will. Schnell fliegt sie auf den Jungen zu und setzt sich auf die Hand mit dem Stein. Der Junge fühlt den Stich[2]. Er schreit laut auf und lässt den Stein fallen. Die Nachtigall fliegt weg.

2

Das Stachelschwein

Lies diese beiden Verse. Schreib einen ähnlichen Vers auf Englisch oder auf Deutsch.

Ein Stachelschwein, ein Stachelschwein,
das muss ein Schwein mit Stacheln sein.
Doch hat es keine Stachelein,
dann ist es auch kein Stachelschwein.

Der Stacheldraht, der Stacheldraht,
das ist ein Draht, der Stacheln hat.
Und wenn er keine Stacheln hat,
dann ist er auch kein Stacheldraht.

(mündlich überliefert)

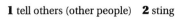

1 tell others (other people)   **2** sting

Vor dem Lesen
Satiren, Lügengeschichten und Schwänke

Lesestrategie

Grammatikalische und lexikalische Hinweise gebrauchen Beim Lesen müssen wir grammatikalische und lexikalische Hinweise gebrauchen, um die Bedeutung von einzelnen Wörtern oder von Satzteilen zu erkennen. Wir müssen dabei auf sprachlich verwandte Wörter achten *(Hand)*, auf Vorsilben *(unbeliebt)*, auf Nachsilben *(täglich)*, auf Komposita *(Kirchturm)* oder auf den Kontext (Er *schießt* mit einer Pistole . . .).

Übung

Welche Wörter passen zusammen?

1. feindlich	**5.** Kirchturm	**a.** church tower	**e.** to bind
2. Sonnenlicht	**6.** binden	**b.** hostile	**f.** sunlight
3. simuliert	**7.** königlich	**c.** royal	**g.** tree trunk
4. ungestört	**8.** Baumstamm	**d.** simulated	**h.** undisturbed

Landeskunde

Schwänke sind komisch-lustige Anekdoten, die im 15. und 16. Jahrhundert beliebt waren. Die Helden in Schwänken sind gewöhnlich legendäre Schelme wie Till Eulenspiegel (1515), der sich damit vergnügte, die guten Bürger mit seinen Streichen hereinzulegen.

Schwänke sind die ersten Erzählungen, die sich mit Themen vom Stadt- und Landleben befassen und nicht mehr, wie bisher, mit dem Leben an königlichen Höfen.

Till Eulenspiegel

Die Schildbürger

Beim Lesen

Kennst du Geschichten, die
von Narren handeln? Was
kannst du in solchen
Geschichten erwarten?

A. Was für Leute waren
die Schildbürger?

Eines der vielen deutschen Volksbücher ist das Schildbürgerbuch,
das aus den Jahren 1597/98 stammt. Die Geschichten darin sind
volkstümlich[1], gehören zum geistigen Besitz[2] des Volkes und
wurden jahrhundertelang immer wieder bearbeitet und gedruckt[3].

Die Schildbürger waren einmal sehr intelligente Leute, die aber
an den Höfen ihrer „Herren" so sehr gefragt waren, dass sie auf die
Idee kamen, ihr Leben von nun an als Narren[4] zu führen, um
ungestört leben zu können. Diese simulierte Narrheit wurde über
Jahre hin zu einer echten Narrheit.

Der Streich[5] vom Rathausbau

B. Warum brauchten die
Bürger so viel Holz?

C. Was passiert am Berg?

Die Bürger von Schilda, einer kleinen Stadt auf dem Land, wollen
ein neues Rathaus bauen. Dazu brauchen sie viel Holz. Alle
Schildbürger gehen also zusammen in den Wald[6], um Bäume[7] für
den Bau zu fällen. Der Wald ist oben auf dem Berg, weit von der
Stadt entfernt. Die Bürger müssen die schweren Baumstämme
den Berg hinuntertragen. Beim letzten Baumstamm stolpert[8] ein
Bürger mit einem Baumstamm, und beide rollen den Berg hinunter. Da wundern sich[9] die Bürger, wie leicht und bequem das ist.

1 popular **2** intellectual property **3** were printed **4** fools **5** prank **6** forest **7** trees
8 stumbles **9** are amazed

Was machen die Schildbürger nun? Sie tragen alle Baumstämme wieder den Berg hinauf, damit sie allein runterrollen können. Darüber freuten sich die Bürger. Wie klug sie doch sind!

Alle Schildbürger sind beim Bauen ihres Rathauses sehr fleißig[1], und bald ist es fertig. Die guten Bürger haben nun ihre erste Versammlung[2], und da merken sie, dass es im Rathaus ganz dunkel ist: sie haben vergessen, Fenster ins Haus zu bauen.

Was machen sie jetzt? Nun, zu diesem Zeitpunkt wissen sie noch nicht, dass die fehlenden Fenster der Grund[3] für die Dunkelheit sind. Sollen sie das Rathaus wieder abreißen[4] und ein neues bauen? Da hat ein Schildbürger eine gute Idee: Mittags scheint doch die Sonne recht hell, und da sollen alle Bürger von Schilda kommen, und mit Eimern, Körben und Säcken das Sonnenlicht einfangen[5] und ins Rathaus tragen[6]. Im Rathaus machen sie ihre Eimer, Körbe und Säcke auf, um das Sonnenlicht rauszulassen. Aber: es bleibt so dunkel wie zuvor.

Alle im Rathaus sind ratlos. Da hat einer die Idee, die Ziegel[7] vom Dach[8] zu nehmen. Und siehe da: jetzt ist genug Licht im Rathaus. Im Herbst aber beginnt die Regenzeit. Die guten Schildbürger müssen das Dach nun wieder decken[9] und sitzen im Dunkeln wie zuvor.

Guter Rat ist teuer! Da sieht nun einer der Schildbürger einen Riss[10] in der Mauer, wo das Tageslicht hereinkommt. Da merken sie endlich, was dem Haus fehlt: Die Fenster! Nun setzen sie Fenster in die Mauern, für jeden Bürger eins, denn jeder will sein eigenes Fenster haben. Jetzt also haben die Schildbürger endlich ein richtiges Rathaus.

Dies war ein rechter Schildbürgerstreich, eine närrische Geschichte aus dem Leben der Bürger der fiktiven Stadt Schilda. Wenn jemand eine besonders unüberlegte Handlung[11] begangen hat, so sagt man: „Das war ein echter Schildbürgerstreich."

Beim Lesen

D. Warum tragen die Bürger die Bäume wieder rauf?

E. Was bemerken die Schildbürger jetzt?

F. Was überlegen sie?

G. Was tun die Bürger nun?

H. Warum decken sie das Dach wieder?

I. Was fehlt den Bürgern wirklich?

---

1 diligent **2** meeting **3** reason **4** tear down **5** catch **6** carry **7** tiles **8** roof **9** cover **10** crack **11** rash action

J. Wann und wo lebte der Baron von Münchhausen?

K. Was macht der Baron, bevor er sich schlafen legt?

L. Worüber ist der Baron erstaunt?

M. Wie bekommt er sein Pferd wieder?

Münchhausen

Der Baron von Münchhausen, der „Lügenbaron", hat im 18. Jahrhundert auf seinem Gut[1] in Niedersachsen gewohnt. Im Laufe der Jahre hat der Baron seinen Freunden viele Abenteuergeschichten erzählt und dabei furchtbar gelogen[2]. Die Reisen in seinen Geschichten hat er nie gemacht. Seine Erzählungen sind zuerst in England erschienen[3] und waren in ganz Europa populär. Gottfried August Bürger, der zur selben Zeit lebte wie Goethe, hat alle Erzählungen zusammengefasst. Hier sind zwei der bekanntesten Abenteuer von Baron Münchhausen.

Münchhausen in Russland

Münchhausen reiste im Winter zu Pferd durch Russland. Eines Abends – es war schon dunkel – hatte er noch kein Quartier für die Nacht gefunden. Nichts war zu sehen, nur Schnee. Da bindet der Baron sein Pferd an einen spitzen Ast[4], der aus dem Schnee steckt. Er selbst legt sich auf Decken und Mäntel in den Schnee und schläft ein. Als er am nächsten Morgen erwacht, ist er sehr erstaunt[5]: er liegt nämlich auf einem Kirchhof[6] mitten in einem Dorf. Nun sucht er sein Pferd. Da merkt er schließlich, dass er es an die Wetterfahne[7] des Kirchturms angebunden hat. Dort oben hängt das arme Pferd nun! Während der Nacht ist nämlich der Schnee geschmolzen unter dem das ganze Dorf begraben war. Mit seiner Pistole schießt der Baron auf die Leine[8], mit der er das Pferd angebunden hat. Das Pferd fällt vom Kirchturm herunter, ist unverletzt[9], und der Baron von Münchhausen setzt seine Reise fort.

---

1 estate **2** lied **3** appeared **4** branch **5** flabbergasted **6** church yard
7 weather vane **8** rope **9** unharmed

Der Ritt auf der Kanonenkugel

In einem Krieg wird eine feindliche Stadt belagert. Man will gern wissen, wie die Situation in der Stadt ist, denn kein Spion kommt in die Stadt.

Da steht nun der Baron zufällig[1] neben einer Kanone, die gerade eine Kugel auf die feindliche[2] Stadt abschießt. Schnell entschlossen springt Münchhausen auf die Kanonenkugel und reitet auf die feindliche Stadt zu. Aber unterwegs bekommt er Angst vor seiner eigenen Kühnheit[3]. Er hat keinen Zweifel[4], dass er die feindliche Stadt erreicht, aber wie kommt er wieder aus der Stadt heraus?

In diesem Augenblick sieht er eine feindliche Kugel, die aus der Stadt kommt und in die umgekehrte Richtung[5] fliegt. Da steigt er schnell um und reitet auf der feindlichen Kugel wieder zurück ins eigene Lager[6] und ist in Sicherheit.

N. Wie reitet der Baron in die fremde Stadt und warum?

O. Warum steigt er wieder um?

---

1 by chance **2** hostile **3** boldness **4** no doubt **5** in the opposite direction
6 to his own camp

Beim Lesen

Kennst du Geschichten, die von Spaßmachern handeln? Was kannst du in solchen Geschichten erwarten?

P. Wer war Till? Hat er wirklich gelebt?

Till Eulenspiegel

Till Eulenspiegel* war ein Spaßmacher[1], der sich über die Menschen lustig machte[2]. Er sagte ihnen auf närrische Weise die Wahrheit und zeigte ihnen, wie dumm sie waren.

Man sagt, dass Till Eulenspiegel im 14. Jahrhundert in Norddeutschland, in der Gegend von Braunschweig, gelebt hat. In Mölln, in Schleswig-Holstein, ist sein Grab. Hat Till wirklich gelebt? Das kann man heute nicht genau sagen. Die Erzählungen über ihn aber sind unsterblich[3].

In der heutigen Sprache spricht man von „Eulenspiegeleien", wenn jemand seine Mitmenschen an der Nase herumführt[4].

Wie Eulenspiegel auf dem Seil[5] lief

Q. Wo hat Till seine Kunst gelernt?

R. Wie will Till auf die andere Seite des Flusses kommen?

Eulenspiegel hatte keine Lust eine regelmäßige Arbeit, wie andere Menschen, zu haben. Er lernte aber allerlei Künste, wie zum Beispiel das Seiltanzen. Diese Kunst übte er heimlich zu Hause auf dem Dachboden[6], weil es seine Mutter nicht erlaubte.

Nach einiger Zeit konnte er so gut auf dem Seil balancieren, dass er es vom Haus seiner Mutter über den Fluss zu einem Haus auf der anderen Seite spannte. Till kletterte auf das Seil, und bald war er auf der anderen Seite des Flusses. Die Leute bewunderten sein Können[7], nur seine Mutter nicht. Auf dem Rückweg

*Der Name „Eulenspiegel" hat zwei Teile: *Eule*, das Symbol der Weisheit und *Spiegel*, in dem man sich selbst sieht.

....

1 prankster **2** made fun of **3** immortal **4** when somebody fools his fellow-men
5 rope **6** attic **7** ability

durchschnitt[1] die Mutter das Seil, und Till landete mitten im Fluss. Jetzt lachten ihn die Zuschauer aus und verspotteten[2] ihn noch lange Zeit danach.

Till wollte sich rächen[3]. Eines schönen Tages spannte er ein Seil über die Straße. Den vielen Zuschauern, die sofort da waren, versprach[4] er ein lustiges Schauspiel. Nur brauchte er von jedem Zuschauer den linken Schuh. Bald hatte er genügend Schuhe. Er zog die Schuhe auf eine Schnur[5] und kletterte damit aufs Seil. Die Zuschauer schauten gespannt auf Till. Nun rief Till: „Jeder kann jetzt seinen eigenen Schuh suchen." Und er warf sie alle hinunter auf die Straße.

Die Zuschauer versuchten nun, den eigenen Schuh zu finden. Aber das war nicht leicht. Bald begann ein großer Streit[6], und am Ende gab es eine kleine Rauferei[7]. Till Eulenspiegel aber saß auf dem Seil und lachte jetzt genau so über die Leute, wie sie über ihn gelacht hatten.

Beim Lesen

S. Warum fällt Till in den Fluss?

T. Warum wollte sich Till rächen?

U. Was brauchte er von den anderen Leuten?

V. Warum gibt es einen großen Streit?

1 cut   **2** mocked   **3** take revenge   **4** promised   **5** pulled onto a string
6 argument   **7** scuffle

Nach dem Lesen
Übungen

1 Kannst du dich erinnern?

Aus welchen Geschichten stammen diese Sätze? Aus den „Schildbürgern" (S), „Münchhausen" (M) oder aus „Till Eulenspiegel"? (T)

S   M   T

☐ ☐ ☐ **1.** Er legt sich auf Decken und Mäntel und schläft ein.
☐ ☐ ☐ **2.** Diese Kunst übte er heimlich auf dem Dachboden.
☐ ☐ ☐ **3.** Sie tragen alle Baumstämme wieder den Berg hinauf.
☐ ☐ ☐ **4.** Wir fangen mit Säcken und Eimern das Sonnenlicht ein.
☐ ☐ ☐ **5.** Die Leute bewunderten seine Geschicklichkeit.
☐ ☐ ☐ **6.** Da merkte er, dass das Pferd an den Kirchturm angebunden war.
☐ ☐ ☐ **7.** Man will wissen, wie die Situation in der Stadt ist.
☐ ☐ ☐ **8.** Auf dem Rückweg durchschnitt die Mutter das Seil.
☐ ☐ ☐ **9.** Und bald hatte er genügend Schuhe.
☐ ☐ ☐ **10.** Sie müssen das Dach wieder decken und sitzen im Dunkeln.
☐ ☐ ☐ **11.** Nun setzen sie Fenster in die Mauern, für jeden eins.
☐ ☐ ☐ **12.** In diesem Augenblick sieht er eine feindliche Kugel.
☐ ☐ ☐ **13.** Am Ende gab es eine kleine Rauferei.
☐ ☐ ☐ **14.** Jetzt haben sie endlich ein neues Rathaus.
☐ ☐ ☐ **15.** Und er reitet auf der feindlichen Kugel zurück ins Lager.

2 Die richtige Reihenfolge

Welcher Satz kommt zuerst? Dann? Danach?

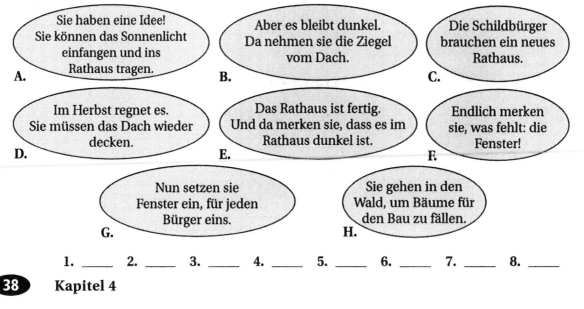

A. Sie haben eine Idee! Sie können das Sonnenlicht einfangen und ins Rathaus tragen.

B. Aber es bleibt dunkel. Da nehmen sie die Ziegel vom Dach.

C. Die Schildbürger brauchen ein neues Rathaus.

D. Im Herbst regnet es. Sie müssen das Dach wieder decken.

E. Das Rathaus ist fertig. Und da merken sie, dass es im Rathaus dunkel ist.

F. Endlich merken sie, was fehlt: die Fenster!

G. Nun setzen sie Fenster ein, für jeden Bürger eins.

H. Sie gehen in den Wald, um Bäume für den Bau zu fällen.

1. ____ 2. ____ 3. ____ 4. ____ 5. ____ 6. ____ 7. ____ 8. ____

3 Welches Wort passt in welche Lücke?

Ergänze den Text mit einem passenden Wort aus dem Kasten.

Ast	Kirchturm	Pistole	Schnee
Baron	Leine	Quartier	unverletzt
Dorf	Mäntel		reiste
erstaunt	Pferd		Russland

Münchhausen __1__ im Winter zu Pferd durch __2__. Es war
finster, und er hatte noch kein __3__ gefunden. Nichts war zu
sehen, nur __4__. Da band der __5__ sein Pferd an einen spitzen
__6__. Er selbst legt sich auf Decken und __7__ und schlief ein.
Am nächsten Morgen ist er sehr __8__: er liegt mitten in einem
__9__. Aber wo ist sein __10__? Da sieht er plötzlich, dass es
am __11__ angebunden ist. Mit seiner __12__ schießt der Baron
auf die __13__, und das Pferd fällt __14__ vom Kirchturm.

4 Und du?

Schreib deinen eigenen Lückentext und gib ihn einem Klassenkameraden
zum Ausfüllen.

5 Zum Nachdenken

Finde eine gute Antwort zu jeder Frage.

1. Wer waren die Schildbürger, und wie kann man die Narrheit dieser
   Leute begründen? – Gibt es heute Leute wie die Schildbürger?
2. Wer war der Baron von Münchhausen? Was für Geschichten hat er
   geschrieben? – Gibt es heute Leute, die solche Geschichten schreiben?
3. Wer war Till Eulenspiegel, und was war der Grund für seine Streiche?
   Gibt es heute Leute, die sich ähnlich verhalten wie Till?

6 Bist du vielleicht ein junger Autor?

Versuche alleine oder mit einer Klassenkameradin eine kleine Geschichte
zu schreiben, die entweder Narrheit, Lüge oder Spaßmachen zum Thema
hat. Die Geschichte kann entweder eine Parodie zu einer Geschichte sein
oder eine ganz neue.

Dies und das

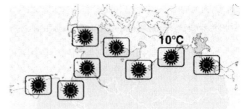

1 Wer glaubt an die „Siebenschläfer"?

Lies, was die Wetterfrösche über sie
„Siebenschläfer" sagen.

Die „Siebenschläfer-Regel" heißt: wenn es am 27.
Juni regnet, wird es die nächsten sieben Wochen
regnen; wenn das Wetter schön ist, wird es die
nächsten sieben Wochen schön bleiben.

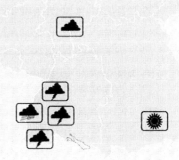

Aber von dieser Regel halten die deutschen
Wetterfrösche nichts. Die Meteorologen beim
Deutschen Wetterdienst in Offenbach berichten,
dass das Wetter am 27. Juni in der
Bundesrepublik sehr unterschiedlich war:
Gewitter im Schwarzwald, Regen in Freiburg und
Sonnenschein in München. In Frankfurt war es
teilweise bedeckt, an der Küste war es heiter,
aber kühl. Man kann also in Freiburg keine sieben Wochen Regen erwarten und in
München keine sieben Wochen Sonne, auch wenn die Bauernregel das will.

Die Siebenschläfer-Regel ist nach Erfahrungen[1] der modernen Wetterkunde ohne
Bedeutung[2]. Diese alte Bauernregel hat auch mit dem Nagetier[3] Siebenschläfer nichts
zu tun. Siebenschläfer, so sagt man, geht auf einen Kalendertag zurück, der an eine
Legende aus der Zeit der Christenverfolgungen[4] unter dem römischen Kaiser Decius
(er regierte von 249–251) erinnert. Der Sage nach[5] sollen sich sieben Brüder im Jahre
251 in einer Höhle bei Ephesus vor Verfolgungen versteckt und dort bis zum Jahre
446 geschlummert haben.

2 Andere Wetterregeln

Kennst du diese oder ähnliche Wetterregeln* aus dem Bauernkalender?

Im April, im April macht das Wetter, was es will.
Ist der Mai kühl und nass, füllt er dem Bauern Scheun'[6] und Fass[7].
Ist der Juni warm und nass, gibt's viel Korn und noch mehr Gras.

*Die meisten Wetterregeln stammen aus dem 13. und 14. Jahrhundert. Die Reimform war wichtig, denn diese
Regeln wurden von einem Bauern zum nächsten Bauern mündlich weitergegeben. (Und Reim prägt sich
besser ein!)

. . . .

1 from experience **2** meaningless **3** rodent **4** persecution of Christians **5** according to the legend **6** barn
7 barrel

Kapitel

5

Vor dem Lesen
Märchen

Lesestrategien

Die Struktur eines Textes erkennen Man kann die innere Struktur eines Textes benutzen, um ihn besser zu verstehen. Das ist besonders bei Märchen der Fall, weil Märchen einer bestimmten Struktur folgen: Eine Begebenheit folgt auf die andere, und das Gute siegt am Ende immer über das Böse.

Übung

Um die Struktur des Textes besser zu verstehen, können wir ein Flussdiagramm entwerfen. Was kommt zuerst, dann, danach?

1. _____   **a.** Am nächsten Tag kommen sie an ein kleines Haus.
2. _____   **b.** Da kommt eine alte, hässliche Frau aus dem Haus.
3. _____   **c.** Die Kinder finden den Weg nicht nach Hause.
4. _____   **d.** Die Kinder sind frei, und sie leben glücklich mit ihren Eltern zusammen.
5. _____   **e.** Gretel stieß die Hexe in den Ofen.
6. _____   **f.** Hänsel streute kleine Brotkrümel auf den Weg.
7. _____   **g.** Die Eltern führten die Kinder in den Wald. Hänsel streute Steinchen auf den Weg.
8. _____   **h.** Die Hexe sperrte Hänsel in einen Stall.

Landeskunde

Märchen sind phantastische Erzählungen, in denen die Grenzen zwischen Wirklichkeit und Phantasie aufgehoben sind. Die Kinder- und Hausmärchen der Gebrüder Grimm sind weltbekannt. Das Thema des Märchens von Hänsel und Gretel, zum Beispiel, finden wir als Hörspiel, in Cartoons, in der Musik und im Theater. Die Oper „Hänsel und Gretel" des deutschen Komponisten Engelbert Humperdinck (1854-1921) wird weltweit aufgeführt.

Szene aus „Hänsel und Gretel"

Hänsel und Gretel

Beim Lesen

Versuch dich daran zu erinnern, was du schon über dieses Märchen weißt.

A. Warum führten die Eltern die Kinder in den Wald?

B. Wie kam Hänsel auf die Idee mit den Steinchen?

C. Warum streute Hänsel kleine Brotkrümel auf den Weg?

D. Warum fanden die Kinder nicht mehr den Weg nach Hause?

Es war einmal ein armer Holzhacker[1]. Der wohnte am Rande eines großen Waldes mit seiner Frau und seinen zwei Kindern, Hänsel und Gretel. Sie waren so arm, dass sie oft nichts zu essen hatten und oft hungrig zu Bett gehen mussten. Da beschlossen[2] die Eltern eines Tages, die Kinder in den Wald zu führen und dort zu lassen.

Aber Hänsel hörte alles, weil er nicht schlafen konnte. Am nächsten Morgen führten die Eltern die Kinder in den Wald. Hänsel aber streute[3] kleine Steinchen[4] auf den Weg, und so konnten die Kinder leicht den Weg zurück zum Elternhaus finden.

Nach ein paar Tagen hörte Hänsel, dass die Eltern die beiden Kinder wieder in den Wald führen wollten. Hänsel wollte in der Nacht wieder kleine Steinchen sammeln, um sie auf den Weg zu streuen. Aber die Haustür war verschlossen[5]. Am nächsten Morgen nahm Hänsel sein letztes Stück Brot und streute kleine Krümel[6] davon auf den Weg. Er hoffte, so den Rückweg nach Hause zu finden.

Hänsel und Gretel waren nun allein im Wald. Sie suchten nach den Brotkrümel, aber die Vögel hatten sie alle aufgepickt. Die Kinder fanden den Weg nach Hause nicht mehr, und sie verirrten sich immer tiefer im Wald. Schließlich legten sie sich unter einen Baum und schliefen ein.

. . . .

1 wood cutter **2** decided **3** sprinkled **4** small pebbles **5** locked
6 crumbs

Hänsel und Gretel verliefen sich[1] im Wald.
Es war so finster und auch so bitterkalt.
Sie kamen an ein Häuschen von Pfefferkuchen fein;
Wer mag der Herr wohl von diesem Häuschen sein?

Am nächsten Morgen sehen sie plötzlich ein kleines Häuschen. Er war aus Brot gebaut, das Dach war mit süßem Kuchen gedeckt[2] und die Fenster waren aus weißem Zucker. Voll Freude brachen die Kinder Stücke vom Dach ab und bissen hinein. Da hörten sie eine Stimme aus dem Häuschen:

Knusper, knusper, Knäuschen,
wer knuspert[3] an meinem Häuschen?

Und die Kinder antworteten:

Der Wind, der Wind,
das himmlische Kind!

Da öffnete sich plötzlich die Tür, und eine hässliche, steinalte Frau mit einem Stock kam heraus. Die Kinder erschraken furchtbar[4], aber die Alte wackelte mit dem Kopf und sagte freundlich: „Ei, ei, ihr lieben Kinder, kommt nur in mein Häuschen und bleibt bei mir. Ich tue euch nichts." Da vergaßen die Kinder ihre Angst und gingen mit der Alten ins Häuschen, wo sie gutes Essen und weiche Betten zum Schlafen fanden.

Die Alte war aber eine böse Hexe. Sie wartete nur darauf, dass Kinder zu ihrem Knusperhäuschen kamen, um sie zu dann zu fangen und zu fressen. Am nächsten Morgen sperrte[5] die Hexe den Hänsel in einen kleinen Stall. Gretel musste im Haus helfen und dem Hänsel Essen bringen, damit er fett wird. Jeden Morgen

---

1 lost their way   **2** covered   **3** nibbles   **4** got terribly frightened   **5** locked

Beim Lesen

E. Warum freuten sich die Kinder am nächsten Morgen?

F. Was sagte die Stimme im Häuschen?

G. Was antworteten die Kinder?

H. Warum erschraken die Kinder?

I. Warum vergaßen sie danach ihre Angst?

J. Was machte die alte Hexe mit dem Hänsel?

musste Hänsel seinen Finger durch das Gitter[1] stecken und die Hexe fühlte, ob er fett genug ist. Der Hänsel aber war nicht dumm und steckte immer einen dünnen Hühnerknochen[2] durchs Gitter. Das merkte die Alte nicht, weil sie kaum sehen konnte.

Eines Tages wurde die Hexe ungeduldig und heizte[3] den Backofen, um Hänsel zu braten. Gretel weinte. Da sagte die Alte zu Gretel: „Schau, ob das Feuer im Ofen auch richtig brennt." Gretel antwortete: „Ich weiß aber nicht, wie ich das machen soll." „Du dumme Gans!" rief die Hexe. „Du musst nur so hineinkriechen." Und sie steckte selbst ihren Kopf in den Ofen. Da stieß[4] Gretel die alte Hexe mit aller Kraft in den Ofen und schlug die Tür zu[5]. Die Alte schrie und heulte. Aber es half nichts, sie musste im Ofen verbrennen.

Gretel befreite schnell ihren Bruder aus dem Stall. Vor Freude sangen und tanzten sie. Sie waren frei! Im Häuschen fanden sie Gold und Edelsteine[6] und füllten ihre Taschen. Sie machten sich auf und fanden auch bald ihren Weg nach Hause. Die Eltern saßen traurig zu Hause, denn es hatte ihnen schon sehr Leid getan, dass sie die Kinder in den Wald geschickt hatten. Wie froh aber waren sie, als die Kinder plötzlich ins Haus kamen. Ihre Not[7] war zu Ende. Jetzt konnten sie essen so viel sie wollten, und von nun an lebten sie glücklich zusammen.

NACH: DIE GEBRÜDER GRIMM

---

1 bars **2** chicken bone **3** heated up **4** shoved **5** slammed shut **6** precious stones **7** misery

Der Froschkönig

Es war einmal ein König, der hatte eine sehr schöne Tochter. Die schöne Königstochter spielte gern mit einer goldenen Kugel[1]. Eines Tages saß sie unter einer alten Linde neben einem kühlen Brunnen[2] und spielte mit der Kugel. Da fiel die Kugel in den Brunnen, und der war so tief, dass man den Grund nicht sehen konnte. Die Königstochter weinte und klagte[3].

Da hörte sie plötzlich eine Stimme[4] hinter sich. Es war ein hässlicher Frosch.

„Warum weinst du, schöne Königstochter?" fragte er.

„Meine goldene Kugel ist in den Brunnen gefallen", antwortete das Mädchen.

„Sei still und weine nicht", sagte der Frosch. „Was gibst du mir, wenn ich dir die Kugel heraushole?"

„Was du haben willst, lieber Frosch", sagte die Königstochter, „meine Kleider, meine Perlen und Edelsteine und noch die goldene Krone, die ich trage."

Der Frosch antwortete: „Deine Kleider, deine Perlen und deine Edelsteine, die mag ich nicht. Ich möchte dein Freund und Spielkamerad sein. Ich möchte neben dir an deinem Tischlein sitzen, von deinem goldenen Tellerlein essen, aus deinem Becherlein[5] trinken und in deinem Bettlein schlafen. Wenn du mir das versprichst[6], so will ich dir die Kugel wieder herausholen."

„Ach ja", sagte die Königstochter, „ich verspreche dir alles, was du willst, wenn du mir nur meine goldene Kugel aus dem Brunnen holst."

Beim Lesen

Versuch dich daran zu erinnern, was du schon über dieses Märchen weißt.

A. Warum weinte die schöne Königstochter?

B. Was will sie dem Frosch geben, wenn er die Kugel aus dem Brunnen holt?

C. Was möchte der Frosch viel lieber?

D. Ist die Königstochter mit den Wünschen des Frosches einverstanden?

---

1 ball **2** well **3** moaned **4** voice **5** mug **6** promise

Beim Lesen

E. Warum rannte die Königstocher fort?

F. Wer klopfte? Was rief die Stimme an der Tür?

G. Was erzählte die Königstochter dem König?

H. Was sagte der König zu seiner Tochter?

I. Was machte der Frosch?

Da sprang der Frosch ins Wasser und holte die goldene Kugel heraus. Die Königstochter war sehr glücklich. Sie nahm die Kugel und rannte fort.

„Warte, warte!" rief der Frosch. „Nimm mich mit! Ich kann nicht so schnell laufen wie du."

Aber sein lautes Quaken[1] half ihm nichts. Die schöne Königstochter hörte nicht auf ihn. Sie rannte nach Hause und hatte den Frosch bald vergessen.

Am nächsten Tag saßen die Königstochter und ihr Vater, der König, beim Essen. Da klopfte es an der Tür, und eine Stimme rief: „Königstochter, jüngste, mach mir auf!"

Das Mädchen machte die Tür auf. Als sie den Frosch sah, machte sie schnell die Tür wieder zu und ging zum Tisch zurück.

„Mein Kind, was ist denn los[2]?" fragte der König.

Die Königstochter erzählte ihrem Vater von dem Frosch, wie er ihr die goldene Kugel aus dem Brunnen geholt hatte und was sie ihm versprochen hatte. Da klopfte es wieder an der Tür:

„Königstochter, jüngste,
Mach mir auf.
Weißt du nicht, was gestern
Du zu mir gesagt
Bei dem kühlen Wasserbrunnen?
Königstochter, jüngste,
Mach mir auf!"

Nun, sagte der König zu seiner Tochter: „Was du versprochen hast, musst du auch halten. Geh und mach die Tür auf!"

Das Mädchen ging und öffnete die Tür. Der Frosch hüpfte herein und setzte sich neben die Königstochter. „Nun, lass mich von deinem goldenen Tellerlein essen und aus deinem Becherlein trinken."

1 croaking 2 what's going on

Die schöne Königstochter ließ ihn von ihrem Teller essen und aus ihrem Becher trinken, aber sie hatte das nicht gern. Da sagte der Frosch: „Ich hab genug gegessen und genug getrunken. Trag mich jetzt in dein Kämmerlein[1], ich bin müde und möchte schlafen."

Da fing das Mädchen an, laut zu weinen. Der König aber sagte: „Der Frosch hat dir geholfen, als du in Not[2] warst. Du darfst ihn jetzt nicht verachten[3]."

Da packte sie den Frosch mit zwei Fingern, trug ihn in ihr Kämmerlein und setzte ihn in eine Ecke. Als sie im Bett lag, hüpfte der Frosch näher und sagte: „Ich bin müde, und ich will schlafen so gut wie du. Heb[4] mich in dein Bettlein, oder ich sag es deinem Vater."

Da wurde das Mädchen sehr böse. Sie nahm den Frosch in die Hand und warf ihn an die Wand. Als er aber herabfiel, war er kein Frosch mehr, sondern ein Königssohn mit schönen, freundlichen Augen. Er erzählte ihr, dass eine böse Hexe ihn in einen Frosch verzaubert hatte[5]. Nur eine Königstochter konnte ihn erlösen[6].

Der Königssohn heiratete die schöne Königstochter und führte sie als Königin in sein Land.

Und wenn sie nicht gestorben sind, so leben sie noch heute.

NACH: DIE GEBRÜDER GRIMM

1 chamber 2 need 3 scorn 4 lift 5 transformed him into 6 save

Beim Lesen

J. Was will der Frosch, als er mit dem Essen fertig ist?

K. Warum weint die Königstocher wieder, und was sagt der König?

L. Wo und wie möchte der Frosch schlafen?

M. Was machte die Königstocher mit dem Frosch?

N. Was passierte nun?

O. Wie endet das Märchen?

Nach dem Lesen
Übungen

1 Welches Wort passt in welche Lücke?

Ergänze den Text mit einem passenden Wort aus dem Kasten.

arm	Backofen	Brot	Dach	Eltern	essen
fett	Feuer	Häuschen	Hexe	hungrig	Kinder
Knochen	Kopf	Kuchen	Ofen	Stall	Steinchen
stieß	Tür	Vögel	Wald	Weg	weinte

Die Holzhackerfamilie war sehr ___1___. Sie hatten oft nichts zu ___2___
und mussten ___3___ zu Bett gehen. Die ___4___ beschlossen, die ___5___
in den ___6___ zu führen. Aber Hänsel streute kleine ___7___ auf den Weg,
und die Kinder konnten leicht den ___8___ nach Hause finden. Beim
nächsten Mal nahm Hänsel ___9___ mit und streute kleine Krümel auf den
Weg. Aber die ___10___ pickten alle Krümel auf, und die Kinder fanden nicht
mehr heim.

   Am nächsten Morgen kamen sie an ein kleines ___11___. Es war aus
Brot, und das ___12___ war mit süßem ___13___ gedeckt. Plötzlich steht
eine alte ___14___ vor ihnen. Sie sperrte Hänsel in einen ___15___. Er
sollte ___16___ werden. Aber Hänsel steckte immer nur einen ___17___
durchs Gitter. Dann heizte die Hexe den ___18___, um Hänsel zu braten.
Gretel ___19___.

   „Schau, ob das ___20___ im ___21___ richtig brennt!" Aber Gretel weiß
nicht wie. Da steckte die Hexe selbst ihren ___22___ in den Ofen. Da
___23___ Gretel die Hexe in den Ofen und schlug die ___24___ zu.

2 Zum Nachdenken

1. Warum haben schon vor vielen Jahren Eltern ihren Kindern
   Märchen wie Hänsel und Gretel erzählt?

2. Warum erzählt oder liest man diese Märchen noch immer?

3. Welche Märchen kennst du? Wie heißen sie?

Die richtige Reihenfolge
Welcher Satz kommt zuerst? Dann? Danach?

A. König und Tochter sitzen am Tisch, als es klopft.

B. „Das will ich nicht. Ich möchte dein Freund sein."

C. „Jetzt bin ich müde, ich möchte schlafen."

D. Eine Königstochter spielte mit einer goldenen Kugel.

E. Jetzt musste die Tochter dem König vom Frosch erzählen.

F. Da kam ein Frosch. „Was gibst du mir, wenn ich die Kugel hole?"

G. „Nun lass mich von deinem Tellerlein essen."

H. Jetzt war der Frosch kein Frosch mehr, sondern ein Königssohn.

I. Da fiel ihr die goldene Kugel in den Brunnen.

J. Da nahm sie den Frosch und warf ihn an die Wand.

K. Das Mädchen machte die Tür auf, und der Frosch hüpfte herein.

L. „Ich verspreche dir, was du willst. Hol mir die Kugel!"

M. „Kleider, Perlen, Edelsteine, auch meine goldene Krone."

N. Eine Stimme rief: „Königstocher, jüngste, mach mir auf!"

O. „Was du versprochen hast, musst du auch halten."

1. ___   2. ___   3. ___   4. ___   5. ___   6. ___   7. ___   8. ___

9. ___   10. ___   11. ___   12. ___   13. ___   14. ___   15. ___

Zum Nachdenken
1. Was für eine Person ist die junge Königstochter?
2. Was möchte der Frosch von ihr? (Der Frosch sagt es.)
3. Was ist die Moral dieses Märchens? (Der König sagt es.)

Deine Meinung
1. Welches der beiden Märchen gefällt dir besser?
2. Welches dieser beiden Märchen würdest du kleinen Kindern zuerst erzählen?

Nacherzählen
Erzähle eines dieser beiden Märchen deiner Klasse. Deine Mitschüler können dir helfen, wenn du stecken bleibst.

Dies und das

1 Ein Gedicht

Lies dieses Gedicht von Eugen Roth. Denk dabei an eine
Geburtstagstorte, die du einmal bekommen hast.

Die Torte

Ein Mensch kriegt eine schöne Torte
Drauf steh'n in Zuckerguss die Worte:
„Zum heutigen Geburtstag Glück!"
Der Mensch isst selber nicht ein Stück;
doch muss er in gewaltigen Keilen[1]
das Wunderwerk ringsum verteilen[2].
Das „Glück", das „heu", der „Tag" verschwindet,
und als er nachts die Torte findet,
da ist der Text nur mehr ganz kurz.
Er lautet nämlich nur noch . . . . „burts" . . .
Der Mensch, zur Freude jäh entschlossen[3],
hat diesen Rest vergnügt genossen[4].

EUGEN ROTH

2 Sprichwörter

Lies diese Sprichwörter. Wie heißen sie auf Englisch?

Stille Wasser sind tief.

Hunger ist der beste Koch.

Keine Nachricht, gute Nachricht.

Wo Rauch ist, muss auch Feuer sein.

Schlafende Hunde soll man nicht wecken.

Es ist noch kein Meister vom Himmel gefallen.

Der Apfel fällt nicht weit vom Stamm.

Was man will, das kann man auch.

Es ist nicht alle Tage Sonntag.

Höflichkeit kostet nichts.

Wer rastet, der rostet.

. . . .

1 huge wedges **2** distribute **3** inspired suddenly by joy **4** enjoyed happily

Vor dem Lesen
Kurzgeschichten

Lesestrategie

Vergleichen und kontrastieren Vergleichen und kontrastieren heißt, dass wir Ähnlichkeiten und Unterschiede mit schon Bekanntem aufdecken: Texte, Personen in Texten, Ideen. Dieses Vergleichen und Kontrastieren ist eine wichtige Fähigkeit, die wir entwickeln müssen, um Texte besser zu verstehen. Oft vergleichen und kontrastieren wir, was wir in einem Text lesen, mit unseren eigenen Erfahrungen.

Übung

Vergleiche die folgenden Sätze mit deinen eigenen Erfahrungen. Hat du ähnliche (Ä) Erfahrungen gemacht oder unterschiedliche (U) Erfahrungen?

	Ä	U
1. Du, ich muss aber auch die Gebühren für mein Handy selbst bezahlen.	____	____
2. An Schultagen muss ich schon um 9 Uhr zu Hause sein.	____	____
3. Ich darf meinen Vater im Büro nicht anrufen.	____	____
4. Bei einem Fußballspiel geht mein Opa nie ans Telefon.	____	____
5. Meine Lehrerin sagt, dass sie dieses Jahr nicht nach Europa fliegt.	____	____
6. Unsere Stadt hilf den Leuten, die kein Zuhause haben.	____	____

Landeskunde

In der Kurzgeschichte wird oft eine alltägliche Begebenheit erzählt, die einen typischen Ausschnitt aus dem Leben einer Person darstellt. Die Handlung ist klar und linear strukturiert, wobei oft Zeit, Ort und Person nur minimal beschrieben sind. Der Ursprung der Kurzgeschichte ist die angloamerikanische *short story*. In Deutschland wurde die Kurzgeschichte durch den Einfluss amerikanischer Autoren, vor allem Ernest Hemingway, nach 1945 sehr populär.

Emil

Beim Lesen

Hast du schon einmal einen Freund oder eine Freundin mit nach Hause gebracht und deinen Eltern vorgestellt?

A. Wie zeigt es sich, dass die Tochter ganz verändert ist?

B. Warum verschluckt sich der Vater beim Kaffee?

C. Warum meint die Tochter, dass ihr Vater komisch ist?

D. Warum wird dem Vater die Sache unheimlich?

Unsere Tochter ist ganz verändert[1]: wir wissen nur, dass „er" Emil heißt. Wir haben von heute auf morgen überall den Namen Emil gefunden: in die Türen geschnitten[2], an die Wand geschrieben, in die Bücher gekritzelt[3]: Emil! Emil!!! Mit drei Ausrufungszeichen. Ich habe Emil bis jetzt nie für einen schönen Namen gehalten. Ich war immer der Meinung, ein Mann für meine Tochter müsse Juan oder Hedricks oder wenigstens Viktor Emanuel heißen. „Ihr müsst Emil wirklich einmal kennen lernen", sagte meine Tochter eines Tages.

Ich verschluckte mich[4] beim Kaffee. „Hat er ernste Absichten[5]?" fragte ich.

„Wie meinst du das, Papa?"

Ich werde direkt. „Will er dich heiraten[6]?" frage ich.

Meine Tochter lacht: „Aber Papa! Du bist wirklich komisch! Heiraten? Emil gefällt mir, ich bin verrückt auf ihn, ich finde ihn fantastisch, himmlisch . . . ich muss ihn haben, Papa! Auf einige Zeit wenigstens."

Mir wird die Sache unheimlich[7]. Ich starre entsetzt meine Tochter an. „Am Sonntag kommt er", sagt sie.

. . . .

1 is completely changed **2** carved **3** scribbled **4** swallowed the wrong way
5 serious intention **6** marry **7** things are getting weird

„Was? Hierher? Zu uns?"

„Ja, sieh ihn dir einmal an."

„Warum?"

„Vielleicht gefällt er dir genauso gut wie mir."

„Nie, wenn du keine ernsten Absichten hast . . . "

„Sei nicht so pathetisch, Papa!"

Mir bleibt nichts erspart[1]. Am Sonntag kommt er. Ich sehe ihn schon durchs Fenster. Ein junger Mann, gar nicht schlecht. Besserer Absichten würdig[2]. Sogar einen kleinen Wagen hat er. Ungeduldig, immer wieder auf die Uhr schauend, geht er auf der Straße vor unserem Hause auf und ab. Meine Tochter steht hinter mir. „Wie gefällt er dir, Papa?"

Beim Lesen

E. Warum sagt die Tochter: „Sei nicht pathetisch, Papa!"

F. Was sieht der Vater, als er durchs Fenster schaut?

„Gar nicht!" sage ich.

„Ist er nicht fantastisch, Papa? Kann ich ihn haben?"

Ich bin von meinen Töchtern viel gewohnt[3]. Aber dies geht mir zu weit. „Was denkst du dir eigentlich?" schreie ich.

„Warum, Papa? Ich bin alt genug."

„Eine dumme Gans bist du, die nicht weiß, was sie redet! Hinaus!"

Wie ich allein bin, hoffe ich, dass alles noch gut wird. Der junge Mann sieht so verrückt nicht aus. Als Schwiegersohn[4] soll er mir willkommen sein. Ich werde ihm ins Gewissen reden[5]. Entweder heiratet er meine Tochter oder: weg mit ihm! Die Tür geht auf.

G. Worüber streiten Vater und Tochter jetzt?

H. Was will der Vater dem jungen Mann sagen?

. . . .

1 nothing is left for me (to do)   **2** worthy of better intentions   **3** I'm used to
4 son-in-law   **5** appeal to his conscience

I. Was sagt der Vater zum jungen Mann, und was antwortet dieser?

J. Wer ist nun Thomas, und wer ist Emil?

K. Warm möchte die Tochter den „Emil"?

Meine Tochter schiebt den jungen Mann ins Zimmer. „Dies hier ist mein Papa!" sagt sie lachend. „Vertragt euch[1]!"

Ich reiche dem jungen Mann die Hand. Hinauswerfen kann ich ihn immer noch. „Meine Tochter hat mir schon von Ihnen berichtet", sage ich.

„Dann sind sie also informiert?"

„Sehr sogar, Herr Emil!" schreie ich.

Meine Tochter springt dazwischen. „Aber Papa! Das ist doch Thomas!"

„Thomas? Warum Thomas? Ich denke Emil. Wo ist Emil?"

„Unten auf der Straße."

„Hat er Angst heraufzukommen?"

„Hahaha!" lacht der junge Mann, der Thomas heißt.

„Und Sie? Wer sind Sie dann, wenn Sie nicht Emil sind?" schreie ich ihn an.

Meine Tochter nimmt seine Hand und meine zugleich[2] und sagt: „Aber Papa! Emil heißt doch der kleine Wagen, der unten steht und in dem wir uns kennen gelernt haben. Da Thomas auf zwei Jahre zum Studium nach Kanada geht, muss er ihn weggeben. Kann ich ihn so lange haben, bis Thomas zurückkommt, Papa?"

JO HANNS RÖSLER

. . . .

1 get along **2** at the same time

Nach dem Lesen
Übungen

1 **Welches Wort passt in welche Lücke?**

Lies den folgenden Text und ergänze ihn mit einem passenden Wort aus dem Kasten.

Absichten	haben	meinst	verrückt	Angst	heiraten

Straße   Vertragt   denke   Jahre   Studium   Wagen   Emil

kennen   Thomas   zurückkommt   gefällt   komisch   uns

– Papa, du musst Emil wirklich einmal __1__ lernen.
– Wie __2__ du das? Will er dich __3__ ?
– Papa, du bist wirklich __4__ .
– Emil gefällt mir. Ich bin ganz __5__ auf ihn. Ich muss ihn __6__ . Am Sonntag kommt er.
– Was? Hierher? Zu __7__ ?
– Vielleicht __8__ er dir genau so gut wie mir.
– Nie, wenn du keine ernsten __9__ hast!
– Das hier ist mein Papa. __10__ euch!
– Meine Tochter hat mir von ihnen berichtet, Herr __11__ .
– Aber Papa, das ist doch __12__ !
– Ich __13__ Emil. Wo ist denn Emil?
– Unten auf der __14__ .
– Hat er __15__ heraufzukommen?
– Aber Papa! Emil heißt doch der kleine __16__ , der unten steht. Thomas geht auf zwei __17__ zum __18__ nach Kanada. Kann ich Emil so lange haben, bis er __19__ ?

2 **Rollenspiel**

Mit dem Text in der Hand übernehmt die Rollen der drei Sprecher und lest das Gespräch der Klasse vor.

3 **Schreibaufgabe**

Setzt euch in Arbeitsgruppen zusammen und schreibt einen ähnlichen Text. Lest dann eure Version der Klasse vor.

Die Wand

Beim Lesen

Hast du schon einmal ein Bild in deinem Zimmer aufgehängt? Ist alles gut gegangen?

A. Was wollte Kasimirs Vater tun?

Kasimirs Vater wollte ein Bild aufhängen. Auf dem Bild war eine schöne Landschaft zu sehen: eine grüne Wiese mit vielen leuchtend bunten Blumen.

Kasimirs Vater holte den Bohrer[1] und begann zu bohren. Da fiel ein großes Stück aus der Wand[2].

B. Was passierte, als er zu bohren begann?

Kasimir lachte. Da sagte sein Vater: Wenn du es besser kannst, dann bohr du doch weiter.

C. Warum musste Kasimir jetzt bohren? Was passierte?

Da nahm Kasimir den Bohrer. Jetzt fiel noch ein Stück aus der Wand. Mutter lachte laut darüber. Da sagte Kasimir: Lach nicht, mach es besser.

D. Was passierte, als die Mutter bohrte?

Da nahm die Mutter den Bohrer. Und nun brach die halbe Wand zusammen[3].

Die Großmutter lachte so laut, dass die Mutter sagte: Dir wird das Lachen noch vergehen[4]; zeig, was du kannst.

E. Was machte die Großmutter?

Da lachte die Großmutter noch lauter und trat den Rest der Wand mit den Füßen ein.

Durch die Öffnung[5] sah man auf eine schöne Landschaft: eine grüne Wiese mit viel leuchtend bunten Blumen – genau wie auf dem Bild, das Vater aufhängen wollte. Da lachten alle und sagten: So lassen wir es, wir brauchen kein Bild.

F. Was passierte mit dem Bild? Mit den Leuten?

Am nächsten Morgen hatten sie alle Schnupfen[6].

HELMAR KLIER

. . . .
1 drill   **2** wall   **3** half of the wall collapsed   **4** you'll stop laughing soon enough
5 opening   **6** a cold

Nach dem Lesen
Übungen

1 **Die richtige Reihenfolge**

Welcher Satz kommt zuerst? Dann? Danach?

A. Die Mutter lachte. Jetzt bohrte sie.

B. Da fiel ein großes Stück aus der Wand.

C. Auf dem Bild war eine schöne Landschaft zu sehen.

D. Kasimirs Vater holte den Bohrer und bohrte ein Loch.

E. Und sie trat den Rest der Wand mit dem Fuß ein.

F. Kasimirs Vater wollte ein Bild aufhängen.

G. Da lachten alle. Sie brauchten kein Bild mehr.

H. Kasimir lachte.

I. Da lachte die Großmutter noch lauter.

J. Durch die Öffnung sah man eine Landschaft, wie auf dem Bild.

K. Da brach die halbe Wand zusammen.

L. Kasimir bohrte. Jetzt fiel noch ein Stück aus der Wand.

M. Am nächsten Morgen hatten sie alle Schnupfen.

N. Wenn du es besser kannst, Kasimir, bohr weiter.

1. ___   2. ___   3. ___   4. ___   5. ___   6. ___   7. ___   8. ___

9. ___   10. ___   11. ___   12. ___   13. ___   14. ___

2 **Nacherzählen**

Erzähle diese kurze Geschichte einem Klassenkameraden.

Die Geschichte vom grünen Fahrrad

A. Was tut das Mädchen?

B. Was sagt ihr Bruder?

C. Was sagt ein anderes Mädchen?

D. Was möchte der Nachbarsjunge?

E. Was sagt die Frau aus dem Haus?

F. Was sagt der große Bruder jetzt?

G. Was tut das Mädchen daraufhin?

Ein Mädchen will sein Fahrrad anstreichen. Es nimmt grüne Farbe[1] dazu. Grün gefällt dem Mädchen gut.

Aber der große Bruder sagt: „So ein grasgrünes Fahrrad habe ich noch nie gesehen. Du musst es rot anstreichen, dann wird es schön.

Rot gefällt dem Mädchen auch gut. Also holt es rote Farbe und streicht das Fahrrad rot.

Aber ein anderes Mädchen sagt: „Rote Fahrräder haben doch alle! Warum streichst du es nicht blau an?"

Das Mädchen überlegt sich das[2], und dann streicht es sein Fahrrad blau.

Aber der Nachbarsjunge sagt: „Blau? Das ist doch so dunkel. Gelb ist viel lustiger[3]!"

Und das Mädchen findet gelb auch viel lustiger und holt gelbe Farbe.

Aber eine Frau aus dem Hause sagt: „Das ist ein scheußliches Gelb! Nimm himmelblaue Farbe, das finde ich schön."

Und das Mädchen streicht jetzt sein Fahrrad himmelblau.

Aber da kommt der große Bruder wieder. Er ruft: „Du willst es doch rot anstreichen! Himmelblau, das ist eine blöde Farbe. Rot musst du nehmen, rot!"

Da lacht das Mädchen und holt den grünen Farbtopf wieder und streicht das Fahrrad grün an, grasgrün. Und es ist ihm egal[4], was die andern sagen.

URSULA WÖLFEL

. . . .

1 paint **2** thinks about it **3** merrier **4** she doesn't care

Nach dem Lesen
Übungen

Welches Wort passt in die Lücke?

Ergänze den Text mit einem passenden Wort aus dem Kasten.

andern	Bruder	himmelblaue	rot	anstreichen
egal	lustiger	scheußliche	blau	Fahrräder
Mädchen	Streich	blöde	Farbe	nehmen	streicht

Ein Mädchen will sein Fahrrad ___1___. Es nimmt grüne ___2___ dazu. Aber der große ___3___ sagt: „Du musst das Rad ___4___ anstreichen, dann wird es schön." Das Mädchen ___5___ also das Rad rot. Ein Mädchen sagt: „Rote ___6___ haben alle. Warum streichst du es nicht ___7___ an?" Da sagt der Nachbarsjunge: „Blau? ___8___ es gelb an, das ist ___9___!" Da sagt eine Frau: „Gelb ist eine ___10___ Farbe. Nimm eine ___11___ Farbe!" Da sagt der Bruder wieder: „Himmelblau ist eine ___12___ Farbe. Rot musst du ___13___!" Da streicht das ___14___ ihr Rad wieder grün an. Und es ist ihr ___15___, was die ___16___ sagen.

1. _____	2. _____	3. _____	4. _____
5. _____	6. _____	7. _____	8. _____
9. _____	10. _____	11. _____	12. _____
13. _____	14. _____	15. _____	16. _____

Zum Überlegen

Was will die Autorin dem Leser mit dieser Geschichte mitteilen?

Und du?

1. Erzähle diese Geschichte einem Klassenkameraden.

2. Schreib eine ähnliche Geschichte und lies sie deinen Mitschülern vor.

3. Vergleiche diese Kurzgeschichten mit dem, was du in der Landeskunde über Kurzgeschichten gelesen hast. Welche Merkmale hast du gefunden?

Dies und das

1 **Verkehrswitze**

Lies diese Verkehrswitze und erzähle sie weiter.

**Der Nachbar spritzt seinen Kleinwagen
mit dem Gartenschlauch ab[1].
„Es nützt doch nichts[2], wenn Sie den Kleinen
noch gießen. Er wächst sowieso nicht mehr!"**

„Ist das Ihr Wagen?"
„Manchmal ja."
„Wieso?"
„Wenn er frisch gewaschen ist, gehört er meiner Frau.
Wenn eine Tanzveranstaltung ist, gehört er meiner Tochter.
Wenn ein Fußballspiel ist, gehört er meinem Sohn, und
wenn er repariert werden muss, gehört er mir."

Fragt der Kollege:
„Warum bist du denn so nervös?
„Mensch, ich mach mir Sorgen wegen[3] meinem Sohn."
„Was hat er denn?"
„Meinen Wagen!"

**Ein schneller Wagen hält neben einem
Spaziergänger.
„Wo bin ich hier, bitte?"
„In der Müllerstraße."
„Keine Einzelheiten[4]. In welcher Stadt?"**

An der Tankstelle:
„Bitte volltanken und auch den Reservekanister.
Ich suche nämlich einen Parkplatz!"

. . . .

1 hoses down   **2** it doesn't help   **3** I worry about   **4** no details

7 Vor dem Lesen
Der Stift
Gewusst wo

Lesestrategie

Globalverstehen anwenden Globalverstehen heißt mit dem eigenen Wissen den Sinn eines Textes erschließen und nicht Wort für Wort und mit Hilfe eines Wörterbuchs. Ein kleiner Trick kann dabei helfen. 1. Lies mindestens ein Drittel des Textes ohne ein Wort nachzuschlagen. 2. Lies denselben Text ein zweites Mal und frag dich dabei, was du verstehst. 3. Wenn du erkennst, worum es im Text geht, lies den Text zu Ende. 4. Lies den Text stückweise ein drittes Mal und fass zusammen, was du gelesen hast.

Übung

Worum handelt es sich in diesem kurzen Gedicht von Ludwig Uhland? Was ist der Hauptgedanke? Welchen Wörtern kannst du Sinn geben, ohne sie genau zu verstehen?

O brich nicht, Steg, du zitterst sehr!
O stürz nicht, Fels, du dräuest schwer!
Welt, geh nicht unter, Himmel, fall nicht ein,
Eh' ich mag bei der Liebsten sein.

Welche Überschrift würdest du diesem Gedicht geben? _____

Landeskunde

Heinrich Spoerl gehört zu den volkstümlichsten Humoristen der deutschen Gegenwartsliteratur. Der beliebte Autor wurde 1887 in Düsseldorf geboren, lebte viele Jahre in Berlin und starb 1955 am Tegernsee in Bayern. Sein erster Roman „Die Feuerzangenbowle" erschien 1935 und war ein großer Erfolg. In diesem Roman berichtet er über Schulerlebnisse seines Sohnes Alexander (1917-1978), der auch humorvolle Romane schrieb. Die folgende humorvolle Geschichte erzählt von einem witzigen Zwischenfall in einem Klassenzimmer.

Heinrich Spoerl

Kapitel 7 **61**

Der Stift

Eine Türklinke[1] besteht aus zwei Teilen, einem positiven und einem negativen. Sie stecken ineinander, der kleine wichtige Stift[2] hält sie zusammen. Ohne ihn zerfällt die Herrlichkeit[3].

Auch die Türklinke an der Obertertia* ist nach diesem bewährten Grundsatz[4] konstruiert.

Als der englische Lehrer um zwölf in die Klasse kam und mit der ihm gewohnten konzentrierten Energie die Tür hinter sich schloss, behielt er den negativen Teil der Klinke in der Hand. Der positive flog draußen klirrend auf den Gang[5].

Mit dem negativen Teil kann man keine Tür öffnen. Die Tür hat nur ein viereckiges Loch[6]. Der negative Teil desgleichen.

Die Klasse hatte den Atem angehalten und bricht jetzt in unbändiger Freude[7] los. Sie weiß, was kommt. Nämlich römisch eins: Eine ausführliche Untersuchung[8], welcher schuldbeladene Schüler den Stift herausgezogen hat. Und römisch zwei: Technische Versuche, wie man ohne Klinke die Tür öffnen kann. Damit wird die Stunde herumgehen[9].

Aber es kam nichts. Weder römisch eins noch römisch zwei. Professor Heimbach** war ein viel zu erfahrener Pädagoge[10], um sich ausgerechnet mit einer Obertertia auf kriminaltechnische Untersuchungen und technische Probleme einzulassen[11]. Er wusste, was man erwartete, und tat das Gegenteil[12].

*An Gymnasien gebrauchte man lateinische Namen für die Klassen. Die **Obertertia** war die neunte Klasse. An manchen Schulen gebraucht man diese Namen noch heute.
In Teilen Deutschlands und besonders in Österreich war es üblich, Lehrer mit dem Titel „Professor**" anzureden.

. . . .

1 door handle   **2** pin   **3** without it, this marvelous thing falls apart   **4** proven principle   **5** corridor   **6** square hole   **7** unrestrained joy   **8** thorough investigation   **9** will pass   **10** too experienced a teacher   **11** to get involved   **12** opposite

Beim Lesen

Hat jemand in deiner Klasse schon einmal einen Streich gespielt? Was ist passiert?

A. Wie ist eine Türklinke konstruiert?

B. Was passierte, als der Lehrer ins Zimmer kam?

C. Warum freut sich die Klasse?

D. Was machte Professor Heimbach nicht?

„Wir werden schon mal wieder herauskommen", meinte er gleichgültig. „Mathiesen, fang mal an. Kapitel siebzehn, zweiter Absatz."

Mathiesen fing an, bekam eine Drei minus. Dann ging es weiter; die Stunde lief wie jede andere. Die Sache mit dem Stift war verpufft. – Aber die Jungen waren doch noch schlauer. Wenigstens einer von ihnen. Auf einmal steht der lange Klostermann auf und sagt, er muss raus[1].

„Wir gehen nachher alle."

Er muss aber trotzdem.

„Setz dich hin!"

Der lange Klostermann steht immer noch; er behauptet, er habe Pflaumenkuchen gegessen und so weiter[2].

Beim Lesen

E. Was will der lange Klostermann?

Professor Heimbach steht vor einem Problem. Pflaumenkuchen kann man nicht widerlegen[3]. Wer will die Folgen auf sich nehmen? Der Professor gibt nach[4]. Er stochert mit seinen Hausschlüsseln in dem viereckigen Loch in der Tür herum. Aber keiner lässt sich hineinklemmen.

„Gebt mal eure Schlüssel her!" Merkwürdig, niemand hat einen Schlüssel. Sie krabbeln geschäftig in ihren Hosentaschen und feixen[5].

Unvorsichtigerweise feixt auch der Pflaumenkuchenmann. Professor Heimbach ist Menschenkenner. Wer Pflaumenkuchen gegessen hat und so weiter, der feixt nicht.

F. Warum gibt der Lehrer nach?

G. Was will der Lehrer von den Schülern? Warum?

. . . .
1 must go to the bathroom   **2** and so on   **3** ignore   **4** gives in   **5** grin

Beim Lesen

H. Warum muss sich der Klostermann hinsetzen?

I. Was geschieht um ein Uhr?

J. Was möchten die Jungen?

K. Können sie ihre Hausaufgaben machen?

L. Warum wollen die Jungen nicht schlafen?

M. Was macht der Lehrer, und was machen die Jungen?

N. Was passierte nach zwei Uhr?

„Klostermann, ich kann dir nicht helfen. Setz dich ruhig hin. Die Rechnung[1] kannst du dem schicken, der den Stift auf dem Gewissen[2] hat. — Klebben, lass das Grinsen und fahr fort."

Also wieder nichts. Langsam, viel zu langsam wird es ein Uhr. Es schellt[3]. Die Anstalt schüttelt ihre Insassen auf die Straße. Die Obertertia wird nicht erlöst[4]: Sie liegt im dritten Stock am toten Ende des Ganges.

Professor Heimbach schließt den Unterricht und bleibt auf dem Katheder[5]. Die Jungen packen ihre Bücher. „Wann können wir gehen?"

„Ich weiß es nicht, wir müssen eben warten."

Warten ist nichts für Jungen. Außerdem haben sie Hunger. Der dicke Schrader hat noch ein Butterbrot und kaut mit vollen Backen; die andern kauen betreten[6] an ihren Bleistiften.

„Können wir nicht vielleicht unsere Hausarbeit machen?"

„Nein! Erstens werden Hausarbeiten, wie der Name sagt, zu Hause gemacht. Und zweitens habt ihr fünf Stunden hinter euch und müsst eure zarte Gesundheit schonen[7]. Ruht euch aus; meinetwegen[8] könnt ihr schlafen."

Schlafen in den Bänken hat man genügend geübt. Es ist wundervoll. Aber es geht nur, wenn es verboten ist. Jetzt, wo es empfohlen wird, macht es keinen Spaß und funktioniert nicht.

Eine öde Langeweile[9] kriecht durch das Zimmer. Die Jungen dösen. Der Professor hat es besser; er korrigiert Hefte.

Kurz nach zwei kamen die Putzfrauen, die Obertertia konnte nach Hause, und der lange Klostermann, der das mit dem Stift gemacht hatte und sehr stolz darauf war, bekam Klassenhiebe[10].

HEINRICH SPOERL

. . . .

1 bill **2** on his conscience **3** the bell rings **4** is not set free **5** at his lectern **6** embarrassed **7** you must preserve your delicate health **8** for all I care **9** dreary boredom **10** got a licking

Nach dem Lesen
Übungen

1 Wie geht 's weiter?

Vervollständige die Sätze.

1. Eine Türklinke _____.
2. Mit dem negativen Teil _____.
3. Professor Heimbach _____.
4. Er wusste, was man erwartet _____.
5. Die Stunde verlief _____.
6. Der lange Klostermann sagt, _____.
7. Professor Heimbach steht _____.
8. Er will die Folgen von Pflaumenkuchen _____.
9. Er stochert mit seinen Hausschlüsseln _____.
10. Keiner von den Schülern hat _____.

a. einen Schlüssel
b. er muss mal raus
c. und tat das Gegenteil
d. besteht aus zwei Teilen
e. in der Tür herum
f. war ein erfahrener Pädagoge
g. nicht auf sich nehmen
h. kann man keine Tür öffnen
i. wie jede andere
j. vor einem großen Problem

1. _____   2. _____   3. _____   4. _____   5. _____
6. _____   7. _____   8. _____   9. _____   10. _____

11. Die Schüler feixen und auch _____.
12. Klostermann, ich kann _____.
13. Es schellt, und Professor Heimbach _____.
14. Die Schüler fragen, _____.
15. Können wir unsere _____?
16. Hausaufgaben werden _____.
17. Eine öde Langeweile kriecht _____.
18. Der Professor _____.
19. Kurz nach zwei Uhr _____.
20. Die Schüler gehen nach Hause, aber _____.

k. kamen die Putzfrauen
l. Hausaufgaben machen
m. Klostermann bekam Klassenhiebe
n. der Pflaumenkuchenmann
o. korrigiert Hefte
p. schließt den Unterricht
q. durch das Klassenzimmer
r. zu Hause gemacht
s. dir nicht helfen
t. wann sie gehen können

11. _____   12. _____   13. _____   14. _____   15. _____
16. _____   17. _____   18. _____   19. _____   20. _____

2 Klassenprojekt

Schreibt die ganze Geschichte in Dialogform und spielt sie mit verteilten Rollen als Theaterspiel in der Klasse vor.

Gewusst wo

Beim Lesen

Hattest du schon einmal
eine Autopanne? Hast du
schon versucht, ein Auto zu
reparieren?

A. Warum flucht und
schimpft der Mann?

B. Wozu entschließt er
sich?

Ein Reisender[1] ist spät abends noch unterwegs, als sein Auto
plötzlich stehen bleibt. Der Mann flucht und schimpft[2], aber das
hilft ja bekanntlich nichts. So zieht er seine Jacke aus, krempelt die
Ärmel hoch und versucht, den Motor wieder in Gang zu bringen.
Alle seine Bemühungen sind jedoch vergebens[3]. Nach einer halben
Stunde, seine Hände sind jetzt schwarz von Öl und Schmutz,
entschließt er sich[4] endlich, im nahen Städtchen einen
Autoschlosser[5] zu holen.

C. Was ist mit dem Motor
los?

D. Warum denkt der
Mann, 15 Mark ist viel
Geld?

E. Was ist die Antwort
des Mechanikers?

Dieser kommt mit Zangen und Schraubenziehern,
Schraubenschlüsseln und Feilen[6] und hat bald herausgefunden,
dass die Benzinleitung verstopft[7] ist. Er macht ein paar Handgriffe,
und der Motor läuft wieder. „Das haben Sie fein gemacht", sagt der
Reisende, „was bin ich Ihnen schuldig[8]?" „Fünfzehn Mark*, bitte",
antwortet der Mechaniker. Darauf der Autofahrer: „Fünfzehn Mark!
Das ist aber viel Geld für das bisschen Arbeit!" Erwidert der
Autoschlosser: „Das bisschen Arbeit kostet auch nur fünf Mark,
aber gewusst wo, das macht zehn Mark."

I.S. DANG

*Die **Mark** oder **Deutsche Mark** war vom 20. Juni 1948 bis zum Ende des Jahres 2001
das gesetzliche Zahlungsmittel. Die D-Mark wurde am 1. Januar 2002 durch den **Euro**
abgelöst.

. . . .

1 traveler **2** swears and curses **3** his efforts are in vain **4** makes up his mind **5** car
mechanic **6** with pliers and screwdrivers, wrenches and files **7** blocked gas line
8 what do I owe you

Nach dem Lesen
Übungen

1 Welches Wort passt in welche Lücke?
Ergänze den Text mit einem passenden Wort aus dem Kasten.

Ärmel Geld herausgefunden Reisender unterwegs Autoschlosser

gewusst Jacke schimpft verstopft Bemühungen Hände

läuft Schmutz bleibt Handgriffe Motor schuldig

Ein ___1___ ist noch spät abends ___2___, als sein Auto plötzlich stehen
___3___. Der Mann ___4___. Er zieht seine ___5___ aus, krempelt die
___6___ hoch und versucht, den ___7___ wieder in Gang zu bringen.
Alle seine ___8___ sind vergebens. Seine ___9___ sind voll Öl und
___10___. Er holt einen ___11___.

Dieser kommt und hat bald ___12___, dass die Benzinleitung ___13___
ist. Er macht ein paar ___14___, und der Motor ___15___ wieder. „Was bin
ich Ihnen ___16___?" – „Fünfzehn Mark", sagt er. „Das ist viel ___17___ für
ein bisschen Arbeit." – „Das bisschen Arbeit kostet auch nur fünf Mark,
aber ___18___ wo, das macht zehn Mark."

2 Wie geht der Satz zu Ende?

1. Der Reisende ist spät abends _____.   a. aus
2. Sein Auto bleibt _____.   b. bringen
3. Der Mann zieht die Jacke _____.   c. hoch
4. Er krämpelt die Ärmel _____.   d. holen
5. Er will das Auto in Gang _____.   e. verstopft
6. Er entschließt sich, einen Mechaniker zu _____. f. stehen
7. Ja, die Benzinleitung ist _____.   g. unterwegs
8. Ein paar Handgriffe, und der Motor _____.   h. läuft

3 Und du?
Erzähle diese Geschichte mit eigenen Worten einem Klassenkameraden.

Dies und das

1 Rätsel

Weißt du die richtigen Antworten?

1. Welche alte Uhr geht nur bei Tag?

2. Ich bin fertig. Aber man macht mich jeden Tag.

3. In welchem Monat sprechen die Politiker am wenigsten?

4. Ich habe keinen Anfang und kein Ende.

5. Wer hat zwei Köpfe, zwei Arme und sechs Beine?

6. Wer spricht alle Sprachen der Welt und hat keine gelernt?

a.

d.

b.

e.

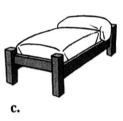

c.

f.

2 Sprichwörter

Wie heißen diese Sprichwörter im Englischen?

Geld allein macht nicht glücklich.

Einmal geschrieben ist so gut wie zehnmal gelesen.

Durch Fehler wird man klug.

Fragen macht klug.

Träume sind Schäume.

Wie du mir, so ich dir.

Ein gutes Beispiel ist der beste Lehrmeister.

In der Kürze liegt die Würze.

Ein Unglück kommt selten allein.

8 Vor dem Lesen
Die Prinzessin
Der falsche Mann

Lesestrategie

Sich Notizen machen Um den Sinn eines Textes zu erschließen, kann man sich Notizen machen und mit diesen Notizen den Text zusammenfassen. Notizenmachen ist eine Fähigkeit, die der Leser auch in anderen Fächern (Geografie, Geschichte) verwenden kann. Beim Notizenmachen kann man feststellen, ob man wirklich weiß, was im Text passiert, und man kann dadurch den Inhalt des Textes auch länger im Gedächtnis behalten.

Übung

Lies die erste Seite von „Die Prinzessin" und schreib die Wörter auf einen Zettel, die dir für das Verständnis des Textes wichtig sind. – Mach danach dasselbe für die zweite Seite.

Landeskunde

Wolfdietrich Schnurre, 1920 in Frankfurt geboren, zog im Alter von 8 Jahren mit seinen Eltern nach Berlin um, wo er menschliche Not, politische Unruhen und Streiks erlebte. Er war im Zweiten Weltkrieg Soldat, danach arbeitete Schnurre in einem Verlag. Von 1946-49 war er Film- und Theaterkritiker für mehrere Zeitungen. 1947 begründete Schnurre mit Hans Werner Richter und Alfred Andersch die literarische „Gruppe 47". Er schrieb Kurzgeschichten, Novellen, Erzählungen und Gedichte. Für seine Werke erhielt er 1958 den Fontane Preis und 1983 den Georg-Büchner-Preis. Schnurre starb 1989 in Kiel.

Wolfdietrich Schnurre

Die Prinzessin

Beim Lesen

Hat schon einmal ein Tier im Zoo zu dir gesprochen? Wie würdest du reagieren?

A. Wie sieht die Hyäne aus?

B. Was sagt die Hyäne zum Mann?

C. Wie könnte ihr der Mann helfen?

D. Was überlegt sich der Mann zuerst, und was tut er dann?

E. Was bereitet der Mann vor?

Ein Käfig[1]; auf ab, trottet es drin, auf, ab, zerfranst[2], gestreift: die Hyäne. Mein Gott, wie sie stinkt! Und Triefaugen[3] hat sie, die Ärmste; wie kann man nur mit derart grindligen Blicken[4] überhaupt noch was sehen?

Jetzt kommt sie zum Gitter, ihr Pestatem[5] trifft mich am Ohr.

„Glauben Sie mir?"

„Aufs Wort", sage ich fest.

Sie legt die Pfote ans Maul: „Ich bin nämlich verzaubert."

„Was Sie nicht sagen; richtig verzaubert?"

Sie nickt. „In Wirklichkeit nämlich – "

„In Wirklichkeit nämlich – ?"

„ – bin ich eine Prinzessin", haucht sie bekümmert[6].

„Ja, um Himmels willen!" rufe ich, „kann Ihnen denn da gar keiner helfen?"

„Doch", flüsterte sie; „die Sache ist so: Jemand müsste mich einladen."

Ich überschlage im Geist meine Vorräte[7]; es ließe sich machen. „Und Sie würden sich tatsächlich verwandeln?[8]"

„Auf Ehre."

„Also gut", sage ich, „dann seien Sie heute zum Kaffee mein Gast."

Ich gehe nach Hause und ziehe mich um. Ich koche Kaffee und decke den Tisch. Rosen noch aus dem Garten, die Cornedbeef-Büchse spendiert[9], nun kann sie kommen.

Pünktlich um vier geht die Glocke. Ich öffne, es ist die Hyäne.

„Guten Tag", sagt sie scheu; „Sie sehen, ich bin da." Ich biete ihr den Arm, und wir gehen zum Tisch. Tränen[10] laufen ihr über die zottigen Wangen[11], „Blumen – ", schluchzt sie, „oh je!"

„Bitte", sage ich, „nehmen Sie Platz. Greifen Sie zu."

Sie setzt sich geziert und streicht sich geifernd[12] ein Brötchen.

„Wohl bekomm 's", nicke ich.

---

1 cage **2** frayed **3** bleary eyes **4** mangy looks **5** foul breath **6** troubled **7** in my mind I check my supplies **8** you would really change **9** provided **10** tears **11** shaggy cheeks **12** drooling she puts spread on

„Danke", stößt sie kauend hervor.

Man kann Angst bekommen, was sie verschlingt[1]. Brötchen auf Brötchen verschwindet; auch die Cornedbeef-Büchse ist leer. Dazwischen schlürft sie schmatzend den Kaffee und lässt erst zu, dass ich ihr neuen eingieße, wenn sie den Rest herausgeleckt[2] hat.

„Na – ?" frage ich, „schmeckt es?"

„Sehr", keucht sie rülpsend[3]. Doch dann wird sie unruhig.

„Was ist denn", erkundige ich mich.

Sie stößt abermals auf[4] und blickt vor sich nieder; Aasgeruch[5] hängt ihr im Fell, rötliche Zecken[6] kriechen ihr über die kahlen Stellen hinter den Ohren.

„Nun – ?" ermutige ich sie.

Sie schluchzt. „Ich habe Sie belogen[7]", röchelt sie heiser und dreht hilflos einen Rosenstil zwischen den Krallen: „ich – ich bin gar keine Prinzessin.

„Schon gut[8]", sage ich; „ich wusste es längst[9]."

WOLFDIETRICH SCHNURRE

F. Was frisst und trinkt die Hyäne alles?

G. Woher weiß man, dass es der Hyäne schmeckt?

H. Warum schluchzt sie?

I. Ist der Mann jetzt böse auf sie?

. . . .

1 devours   **2** licked up   **3** belching   **4** burps   **5** animal smell   **6** ticks   **7** I deceived you   **8** it's alright   **9** I knew it all along

Nach dem Lesen
Übungen

1 Die richtige Reihenfolge

Welcher Satz kommt zuerst? Dann? Danach?

A. „Kann Ihnen da keiner helfen?"

B. Sie setzt sich geziert und streicht sich ein Brötchen.

C. Sie kommt zum Gitter und sagt: „Ich bin verzaubert."

D. Sie rülpst und wird ungeduldig.

E. Eine Hyäne trottet im Käfig auf und ab.

F. „Ich bin keine Prinzessin."

G. „Was Sie nicht sagen. Richtig verzaubert?"

H. „Schon gut. Ich wusste es längst."

I. „Ich habe Sie belogen", röchelt sie.

J. „Ich bin eine Prinzessin."

K. Pünktlich um vier Uhr kommt die Hyäne.

L. Dann schlürft sie schmatzend den Kaffee.

M. Ich biete ihr den Arm, und wir gehen zum Tisch.

N. „Dann seien Sie heute zum Kaffee mein Gast."

O. Jemand müsste mich einladen.

1. ___   2. ___   3. ___   4. ___   5. ___   6. ___   7. ___   8. ___

9. ___   10. ___   11. ___   12. ___   13. ___   14. ___   15. ___

2 Klassenspiel

Such dir einen Mitschüler und spielt „Die Prinzessin" als Theaterstück der Klasse vor. Denkt an die nötigen Requisiten!

Der falsche Mann

Toni Grabert, Empfangschef[1], nahm den Hörer von der Gabel[2] und meldete sich.

„Hotel am Turm!"

Sekundenlang lauschte er in die Muschel, dann erwiderte er: „Nein, ein Inspektor Gebhard wohnt nicht bei uns . . . Wie bitte, ein Zimmer bestellt? Mir ist nichts bekannt."

Wieder lauschte er. „Selbstverständlich, ich werde es ihm ausrichten[3]."

Gegen 19 Uhr trat ein Mann an die Rezeption.

„Ich hatte ein Zimmer bestellt. Gebhard mein Name."

Der Empfangschef machte eine zackige Verbeugung[4].

„Guten Tag, Herr Inspektor!"

Da legte der Neuankömmling einen Finger über die Lippen und erwiderte leise: „Ich bin inkognito hier und habe ein Zimmer auf den Namen Baumann bestellt."

„Jawohl, Herr Baumann!" flüsterte Toni Grabert. „Sie haben Zimmer 39. Und dann soll ich Ihnen sagen, Sie möchten umgehend[5] das Präsidium anrufen."

Beim Lesen

Beim Lesen von Detektivgeschichten muss man auf alle Kleinigkeiten achten: Wichtige Hinweise liegen oft im Detail.

A. Wer wohnt nicht im Hotel?

B. Warum legt der Mann einen Finger über die Lippen?

C. Was muss der Inspektor sofort tun?

. . . .

1 head receptionist   **2** hook   **3** I'll tell him   **4** a snappy bow   **5** right away

Inspektor Gebhard, alias Herr Baumann nickte.

„Wo kann ich telefonieren?"

„Dort drüben neben der Tür zur Bar ist die Telefonzelle. Sind Sie hinter jemandem her[1]?"

Wieder nickte Herr Baumann.

„Ich hoffe, Sie lassen sich nichts anmerken[2]. Er heißt Karnietzky, reist aber unter ständig wechselnden Namen. Wir haben einen Tipp bekommen, dass er hier im Hotel abgestiegen ist[3]."

Elf Stunden später.

Es war eine Minute nach sechs Uhr, als es leise aber unüberhörbar an die Tür von Zimmer 39 klopfte.

Müde und verschlafen schälte sich Inspektor Gebhard aus den Kissen[4], rief „Moment", schlüpfte in seinen Bademantel und öffnete.

Toni Grabert stand draußen, bleich und bebend[5].

„Karnietzky hat sein erstes Opfer gefunden!" sagte er mit zitternder Stimme.

„Würden Sie bitte mitkommen in das Büro des Direktors."

Sie sprachen auf dem Weg kein Wort miteinander.

Im Büro des Direktors befanden sich bereits vier Leute: der Direktor höchstpersönlich[6], der Nachtportier, der Hausdetektiv und die Baronin Leonie von Hohnstein-Brügge.

D. Wer ist Karnietzky?

E. Warum wurde der Inspektor um 6 Uhr morgens aus dem Schlaf geweckt?

F. Wer befand sich im Büro des Direktors?

. . . .

1 Are you after someone?   **2** you won't let on   **3** made a stop   **4** dragged himself out of the pillows   **5** trembling   **6** in person

Die Baronin sprach zuerst:

„Man sagt, Sie seien von der Polizei. Bitte, beschaffen Sie[1] mir sofort meinen Schmuck[2]."

Und der Direktor: „Man hat der Baronin heute Nacht den gesamten Schmuck gestohlen."

„Und ich habe die Baronin ausdrücklich darum gebeten, ihren Schmuck in das Hotelsafe zu tun", brummte der Hoteldetektiv mürrisch.

„Ja, das hat er, ich bin Zeuge[3]!" bestätigte Toni Grabert mit einem bissigen Seitenblick auf die erlauchte[4] Dame.

Inspektor Gebhard hatte die Hände in den Taschen des Bademantels vergraben.

„Es war wohl nicht besonders klug[5], gnä' Frau, den Schmuck hinter der Heizung[6] zu verstecken. Ein Hotelsafe wäre tatsächlich sicherer gewesen." Und dann hielt der Inspektor der Baronin einen

Beim Lesen

G. Was erfährt der Inspektor hier?

H. Was hat der Hoteldetektiv der Baronin gesagt?

I. Was sagt Inspektor Gebhard zur Baronin?

---

1 get me **2** jewelry **3** witness **4** noble **5** smart **6** radiator

Vortrag zum Thema Leichtsinn[1]. Niemand bemerkte dabei, wie Toni Grabert das Zimmer verließ und von der Rezeption aus das Polizeipräsidium anrief.

„Hallo!" hauchte er in den Hörer. „Verstehen Sie mich, wenn ich so leise rede?"

„Ja, ich kann Sie gut verstehen. Was gibt' s denn?"

„Ich wollte gern wissen, ob es bei Ihnen einen Inspektor Gebhard gibt . . . einen Kriminalinspektor Gebhard."

„Nein, ist mir nicht bekannt . . . "

„Auch kein ähnlicher[2] Name?" wollte Grabert wissen.

„Auch kein ähnlicher Name!"

„Dann schicken Sie mir bitte ganz schnell ein paar Leute her. Bei mir wohnt nämlich einer, der behauptet Inspektor Gebhard zu sein . . . "

WOLFGANG ECKE

J. Warum verließ Toni Grabert das Zimmer?

K. Warum will Grabert ein paar Leute von der Polizei?

---

1 carelessness 2 similar

Nach dem Lesen
Übungen

1 Welches Wort passt in welche Lücke?

Ergänze den Text mit einem passenden Wort aus dem Kasten.

Bademantel	inkognito	Opfer	Turm	Baronin	Inspektor
Präsidium	Uhr	behauptet	jemandem	reist	verließ
klopft	Rezeption	wechselnden	Büro	Leute	schicken
bekommen	Zimmer	Empfangschef	Namen		Schmuck

Toni Grabert, der ____1____ vom Hotel am ____2____, meldet sich am Telefon.
„Nein, ein ____3____ Gebhard wohnt nicht bei uns." – Gegen 19 ____4____ tritt
ein Mann an die ____5____. „Ich bin ____6____ hier und habe auf den ____7____
Baumann ein ____8____ bestellt." – „Ich soll ihnen sagen, Sie sollen das
____9____ anrufen. Inspektor, sind Sie hinter ____10____ her?" – „Wir haben
einen Tipp ____11____. Er heißt Karnietzky, ____12____ aber unter ständig
____13____ Namen."

Elf Stunden später. Es ____14____ an der Tür. Gebhard schlüpft in seinen
____15____ und kommt an die Tür. „Karnietzky hat sein erstes ____16____
gefunden. Kommen Sie bitte mit zum ____17____ des Direktors." Viele Leute
sind da, auch die ____18____. „Es war nicht besonders klug, den ____19____
hinter der Heizung zu verstecken, Frau Baronin." Niemand merkt, wie
Toni Grabert das Zimmer ____20____. Er ruft das Präsidium an. „Was? Es gibt
keinen Inspektor Gebhard bei Ihnen? Dann ____21____ Sie schnell ein paar
____22____ her. Bei mir wohnt einer, der ____23____, Inspektor Gebhard zu
sein."

2 Zum Überlegen

1. Der Dieb war anfangs sehr schlau. Welche Gründe sprechen dafür?
2. Der Dieb hat sich selbst eine Falle gestellt. Was hat er gesagt?

3 Rollenspiel

Spielt „Den falschen Mann" als Theaterstück mit verteilten Rollen.

Dies und das

1 Eine Minigeschichte von Janosch

Lies diese lustige Minigeschichte. Hast du dir auch schon einmal etwas Ähnliches gewünscht?

Mein Bär braucht eine Mütze

Mein Bär braucht eine Mütze, Mutter.
Rote Wolle, grünes Futter[1].
Und für die Füße braucht er noch
ganz warme Strümpfe. Ohne Loch[2].
Auch ein Paar Schuhe braucht er dann,
damit er besser laufen kann.
Und eine Hose braucht er noch,
denn wenn es kalt ist, friert er doch.
Auch so ein Hemd, genau wie meins
mit Knöpfen dran, dann hat er eins.
Und an den kalten Wintertagen,
da will mein Bär ein Halstuch tragen.
Auch einen Mantel braucht er dann
so wie ein echter Bärenmann.
Und eine Pfeife wünscht er sich.
Mit Tabak drin, sonst brennt sie nicht.
Auch ein Spazierstock[3] ist sehr wichtig.
Jawohl, genau so ist es richtig.
Jetzt können wir spazierengehen.
Lebwohl, ade, auf Wiedersehen.

JANOSCH (1931)

Janosch, der als Horst Eckert 1931 in Oberschlesien geboren wurde, ist einer der bekanntesten deutschen Künstler und Kinderbuchautoren. Viele seiner Werke sind in fast 30 Fremdsprachen übersetzt worden. 1980 verließ Janosch Deutschland und lebt heute auf der Insel Teneriffa im Atlantik. See: www.Janosch.de

. . . .

1 lining   **2** without a hole   **3** cane

9 Vor dem Lesen

Der Brief

Lesestrategie

Den Hauptgedanken identifizieren Der Hauptgedanke ist die wichtigste Aussage im Text – die Mitteilung, Meinung oder Einsicht – auf der der Text basiert. Die näheren Einzelheiten, die der Autor in den Text bringt, sind Informationen, welche den Hauptgedanken weiter erklären. Beim Lesen erkennen wir entweder sofort den Hauptgedanken und suchen danach nach den Einzelheiten, die den Hauptgedanken bekräftigen, oder wir beginnen mit den Einzelheiten und gebrauchen diese, um den Hauptgedanken zu erkennen.

Übung

Lies das Gedicht und beantworte die Fragen. Schreib die Antworten auf einen Zettel.

Katzen

Katzen schlafen	Auf dem Klavier,	In der Schublade,	Eingezwängt	Was soll man machen?
Überall,	Der Fensterbank,	Im leeren Schuh,	In einem Pappkarton,	Ganz egal,
Auf jedem Tisch,	In der Mitte,	Auf irgendeinem	Im Kleiderschrank	Katzen schlafen
Jedem Stuhl,	In den Ecken,	Warmen Schoß,	Bei deinen Sachen –	Überall!

(VON UNBEKANNT)

1. Was ist der Hauptgedanke dieses Gedichts?
2. Wie wird der Hauptgedanke bekräftigt?
3. Trenne einmal den Hauptgedanken von den Einzelheiten, die ihn bekräftigen, und untersuche, ob jeder Teil allein genauso gut allein Bestand hat, oder ob das Zusammenwirken beider Teile wichtig ist. Erkläre deine Meinung.

Landeskunde

In Mecklenburg gibt es über 1000 Seen, und einer der schönsten davon ist der Tollensee. Er ist elf Kilometer lang, 2,5 Kilometer breit, 20 Meter tief und ist das „grüne Herz" der Stadt Neubrandenburg. Der See entstand in der letzten Eiszeit. Er bekommt sein Wasser größtenteils über- und unterirdisch von der Ostsee. Der See ist ein idealer Badesee. Er ist auch für seinen Fischreichtum bekannt, besonders für Aale.

Am Tollensesee

Beim Lesen

Hast du jemals einen an dich adressierten Brief bekommen, der geöffnet war? Was hast du getan?

A. Worauf hat Martina gewartet? Was hätte sie damit getan?

B. Warum ist Heike da?

C. Worüber wundert sich Heike?

D. Wovon wusste Heike nichts?

E. Warum bewundert Martina den Brief so sehr?

Der Brief

Auf dem Tisch lag der Brief. Martina sah das längliche Kuvert[1] von der Tür aus. Sie wusste sofort, das war der Brief, auf den sie wartete. Hätte sie allein ihr Zimmer betreten[2], sie würde sich nicht einmal die Zeit genommen haben, die Tasche ordentlich wegzustellen, sie wäre sofort an den Tisch gegangen, hätte den Brief genommen, ihn aufgerissen wahrscheinlich[3].

Sie wartete schon so lange auf diesen Brief.

Heike war aber mitgekommen, wollte die Biologieaufzeichnungen[4] der vergangenen Woche haben, weil sie gefehlt hatte.

Nun wunderte sich Heike über Martinas Eile. Gerade heute hatten sie doch Zeit, die letzte Stunde war ausgefallen[5].

Die Sessel laden zum Sitzen ein, der Plattenspieler[6] steht neben dem Radio, Martina hat hübsche Schallplatten. Doch Martina hatte es eilig, erklärte schnell, wurde sogar ungeduldig dabei.

Heike konnte sich darüber nur wundern. Doch sie wusste ja nichts von dem Brief, und sie wusste auch nichts von den Sommertagen am Tollensesee.

So ging sie bald, war nicht einmal beleidigt[7], mehr verwundert ging sie. Nun trat Martina an den Tisch, nahm den Brief hoch. Es war der Brief. Und ihr Herz schlug ganz schnell und hart. Das Kuvert aus feinem, weißem Papier, für sie ausgewählt. Das musste so sein. Er hatte das feine Kuvert ausgesucht für sie.

---

1 envelope **2** had she entered **3** probably would have torn it open **4** biology notes
5 cancelled **6** record player **7** was not even offended **8** selected

Doch nun sah sie: der Brief ist geöffnet. Aufgerissen ist der Brief, unachtsam[1] geöffnet, ungleichmäßig[2]. So reißt man jede Post auf, die nichts Besonderes mitzuteilen hat. So reißt man eine Rechnung[3] auf, vielleicht eine Mitteilung[4] über abzuholende Wäsche.

Nur Mutter konnte den Brief geöffnet haben, nur sie. Mutter war heute erst um zehn Uhr zur Arbeit gegangen. Martina hielt noch immer den geöffneten Brief in der Hand, bemerkte jetzt noch, dass der Briefbogen[5] herausgenommen wurde, eine Seite ragte heraus[6].

Sie las: – Liebe Martina! –

Der Brief war auch gelesen worden.

Sie ließ den Brief fallen, nun lag er wieder auf dem Tisch, Anschrift nach oben, er lag wie vorhin, als sie ihn von der Tür aus sah.

Doch es war nun alles anders.

Mutter hatte den Brief geöffnet und gelesen.

Warum hat sie das getan? Sie hat dazu kein Recht.

Niemand hat das Recht, einen Brief zu öffnen und zu lesen, der an einen anderen gerichtet ist[7].

Mutter kam am frühen Nachmittag nach Hause, war abgespannt[8], hatte eine schwierige Arbeitsberatung[9] hinter sich. Wie immer ging sie durch die Wohnung, kam auch in Martinas Zimmer.

November war, und draußen dunkelte es bereits. Mutter erschrak, Martina saß im dunklen Zimmer.

„Hast du heute nicht Sport?" fragte die Mutter.

Beim Lesen

F. Was bemerkt Martina?

G. Was glaubt Martina, wer den Brief geöffnet hat?

H. Warum lässt sie den Brief auf den Tisch fallen?

I. Was weiß sie nun?

J. Wozu hat niemand das Recht?

1 carelessly **2** irregularly **3** bill **4** notification **5** sheet of paper **6** stuck out **7** addressed to someone **8** exhausted **9** meeting

Kapitel 9

K. Was will die Mutter von Martina wissen?

L. Warum hat die Mutter den Brief aufgemacht?

M. Was möchte Martina von der Mutter wissen?

N. Was tat die Mutter und was Martina?

„Ich bin nicht gegangen."

Die Mutter nahm einen Pullover aus dem Schrank.

„Bist du krank?"

„Nein", sagte Martina.

Die Mutter kam an den Tisch, beugte sich zu ihrer Tochter hinunter. Martina roch das feine Parfüm. Sie liebte diesen Geruch.

„Was hast du denn bloß, Martina?

„Der Brief ist geöffnet."

Die Mutter richtete sich auf[1], schaute auf den Brief, der auf dem Tisch lag.

„Ja, der Brief ist für dich, Martina."

Die Frau trat einen Schritt zurück, nun stand sie ganz im Dunkeln. Martina konnte das Gesicht der Mutter nicht mehr erkennen. Sie hörte die Mutter sagen:

„Ja, ich hab ihn aufgemacht. Ich war ganz in Gedanken[2], hab gedacht, das ist ein Brief für uns. Hab die Anschrift nicht beachtet."

„Hast du den Brief gelesen?"

Die Mutter ging zur Tür, legte den Pullover, den sie aus dem Schrank genommen hatte, über den Arm. Sie drehte sich nur halb um.

„Was hast du für Geheimnisse[3]? Seit wann? Was machst du bloß aus der Sache? Na, sag mal. So kenn ich dich nicht."

Das Mädchen aber fragte: „Hast du den Brief gelesen?"

„Und wenn 's so wäre?"

„Ich werde ihn nie lesen. Niemals", sagte Martina laut.

Die Mutter hielt die Türklinke[4] in der Hand. Am Tisch saß ihre Martina, sehr aufrecht saß sie dort.

Die Mutter ging aus dem Zimmer, schloss die Tür nicht sehr behutsam[5]. Die Mutter wollte ihre Tasse Kaffee trinken, ihre Zigarette rauchen. In aller Ruhe wollte sie das tun. Sie war sehr abgespannt. Sie konnte nicht sehen, dass Martina nicht mehr sehr aufrecht am Tisch saß. Sie lag auf der Couch, presste ihr Gesicht in ein Kissen.

---

1 straightened up **2** was lost in thought **3** secrets **4** door handle **5** gently

Die Zeit für das Abendessen kam heran. Vater und Claus saßen schon am Tisch. Die Mutter ging, Martina zu holen. Nun brannte Licht in ihrem Zimmer, Hefte und Bücher bedeckten den Tisch. Martina arbeitete also.

„Komm zum Abendessen", sagte die Mutter.

„Ich möchte nicht", sagte Martina.

„Du möchtest nicht? Du hast doch seit Mittag nichts gegessen."

„Ich hab keinen Appetit."

„Du kommst. Hast du gehört?" sagte die Mutter schärfer.

So setzte sich Martina an den Tisch, nippte am Tee, aß aber nichts. Vater und Claus sahen sich an. Claus, der jüngere Bruder Martinas, wollte was sagen. Die Mutter kam ihm zuvor.

„Geh in dein Zimmer, Martina. Nun geh schon."

Das Mädchen ging.

„Was hat sie?" fragte der Vater.

Die Mutter sagte unbestimmt[1]: „Irgendwas hat sie schon."

„Jetzt geht 's los mit ihr", sagte der Vater, „nun fängt das berühmte Alter an. Da haben wir gedacht, bei unserer Martina wird 's so was nicht geben."

Die Mutter schwieg[2]. Sie aß auch nicht viel.

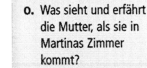

Beim Lesen

O. Was sieht und erfährt die Mutter, als sie in Martinas Zimmer kommt?

P. Warum schickt die Mutter Martina aufs Zimmer zurück?

Q. Was ist das „berühmte Alter"?

---

1 vaguely   **2** remained silent

Kapitel 9

R. Warum ist die Mutter jetzt zu Martina gekommen?

S. Wie entschuldigt sich die Mutter?

T. Hat die Mutter auch einmal so einen Brief bekommen?

Auf dem Tisch breiteten sich Hefte und Bücher aus. Aber auch der Brief lag dort. Hefte und Bücher lagen nur so da. Es war nicht zu arbeiten mit so bitteren und traurigen Gedanken.

Kalt und öde erschien Martina ihr Zimmer, die Tischlampe verbreitete nüchternes Licht[1].

Zum ersten Mal sah das Mädchen auf diese Weise ihr Zimmer. Am späten Abend kam die Mutter, blieb am Schrank stehen, lehnte sich sogar an die Schranktür.

„Ich geh gleich ins Bett", sagte Martina.

Die Mutter aber sagte: „Ich habe den Brief gelesen, Martina. Entschuldige bitte. Ich hätte den Brief nicht lesen dürfen[2]. Es geht ja nur dich etwas an. Ich habe es auch nicht aus Gedankenlosigkeit[3] getan. Ja, ich hatte das Kuvert aufgemacht, in der Annahme, der Brief sei an uns gerichtet. Bis ich dann die Anrede las. Nun hätte ich nicht weiterlesen dürfen. Aber ich sah seinen Namen. So las ich den Brief, ich war besorgt[4]. Noch nie war ein Brief dieser Art[5] an dich gekommen. Natürlich, ich kenne den Jörg. Aber nun hatte er an dich geschrieben, an meine Martina. Aber irgendwann muss ja mal ein Brief dieser Art an dich geschrieben werden. Ich war schon viel älter, als ich so einen Brief bekam. Es waren andere Zeiten. Krieg und die Zeit nach dem Kriege[6]. Da schrieb man solche Briefe nicht an Mädchen, die dünn waren, ausgehungert[7], in hohen Männerschuhen herumliefen und nur ein kümmerliches[8] Kleid hatten. Aber das ist ja schon lange her. Entschuldige also, Martina. Und ich bitte dich, lies den Brief. Ein schöner Brief.

. . . .

1 spread cold light   **2** I should not have read it.   **3** thoughtlessness   **4** concerned
5 of this sort   **6** war   **7** starving   **8** miserable

Wäre doch schade, wenn du dem Jörg nicht antworten würdest, nur weil deine Mutter eine Dummheit gemacht hat."

Martina hatte zugehört, dann wollte sie aufstehen. Doch die Mutter war schon aus dem Zimmer gegangen. Martina nahm den Brief von ihrem Freund Jörg.

– Liebe Martina –

Ein aufregender[1] Brief.

Von den Sommertagen am Tollensesee war die Rede, von diesen schönen Tagen, von der Mathematikolympiade auch, an der man beteiligt war mit gewissen Chancen, aber auch von der weiten Entfernung[2] war die Rede, die zwischen ihnen lag. Leider. Aber im nächsten Sommer wird man sich ja wieder am Tollensesee treffen.

Alle, auch die Eltern waren ja so begeistert. Ihr fahrt doch bestimmt dorthin, ja?

Und man kann sich ja schreiben. Jeden Monat einmal? Oder zweimal?

Martina las den Brief mehrere Male.

Sie hatte doch so lange auf diesen Brief gewartet.

GÜNTER GÖRLICH

u. Wovon berichtet der Brief?

v. Was schlägt Jörg vor?

---

1 exciting **2** long distance

Nach dem Lesen
Übungen

1 **Welche Antwort passt, a, b oder c?**

1. Martina hat den Brief von ihrem Freund _____.
- **a.** sofort gelesen
- **b.** schon lange erwartet
- **c.** der Mutter gezeigt

2. Als sie den Brief jetzt sah, _____.
- **a.** wurde sie ungeduldig
- **b.** spielte sie Schallplatten
- **c.** schlug ihr Herz schneller

3. Sie nahm den Brief in die Hand und sah, dass er _____.
- **a.** geöffnet war
- **b.** von ihrem Freund war
- **c.** aus feinem Papier war

4. Martina wusste jetzt, dass ihre Mutter den Brief _____.
- **a.** herausgenommen hat
- **b.** geschickt hat
- **c.** gelesen hat

5. Die Mutter sagt, sie hat den Brief aufgemacht, weil sie _____.
- **a.** ihn lesen wollte
- **b.** ganz in Gedanken war
- **c.** sehr abgespannt war

6. Das Mädchen ist böse auf die Mutter. Sie sagt, sie wird den Brief _____.
- **a.** nie lesen
- **b.** wieder zurückschicken
- **c.** später öffnen

7. Martina will nichts zu Abend essen, sie _____.
- **a.** ist sehr abgespannt
- **b.** hat keinen Appetit
- **c.** hat erst gefrühstückt

8. Sie geht auf ihr Zimmer zurück und _____.
- **a.** hat viel Arbeit
- **b.** liest jetzt den Brief
- **c.** hat traurige Gedanken

9. Später kommt die Mutter. Sie sagt, sie hätte den Brief nicht _____.
- **a.** schreiben dürfen
- **b.** lesen dürfen
- **c.** schicken dürfen

10. Sie sagt, sie hat den Brief gelesen, denn sie war _____.
- **a.** um Martina besorgt
- **b.** einmal ausgehungert
- **c.** dünn nach dem Krieg

11. Die Mutter sagt, Martina soll den Brief lesen, und Martina _____.
- **a.** macht den Brief auf
- **b.** liest den Brief
- **c.** entschuldigt sich

12. Im Brief steht, dass Jörg nächsten Sommer _____.
- **a.** nicht mehr schreiben wird
- **b.** an den Tollensesee fährt
- **c.** zu Hause bleibt

2 Was steht wohl am Ende?

Sag oder schreib das Ende für jeden Satz oder Satzteil.

1. Martina wusste sofort, das war der Brief auf den sie _____.
2. Das Kuvert war aus feinem Papier, extra für sie _____.
3. Doch nun sah sie, der Brief war _____ .
4. Jemand hat bestimmt auch den Brief _____.
5. Niemand hat das Recht, einen Brief zu _____, der an einen anderen gerichtet ist.
6. Nur ihre Mutter konnte den Brief gelesen _____.
7. Ihre Mutter sagte, sie hat gedacht, der Brief war an sie _____.
8. Sie hätte aber den Brief nicht _____ dürfen.
9. Es wäre schade, meint die Mutter, wenn Martina dem Jörg nicht _____ würde.
10. Dann las Martina den Brief. Jörg wollte sie wieder am Tollensesee _____.
11. Er meinte, in der Zwischenzeit kann man sich ja mal _____.
12. Martina hatte doch so lange auf diesen Brief _____.

3 Zum Überlegen

1. Was würdest du in Martinas Situation tun?
2. Was würdest du in Mutters Situation tun?

4 Zum Diskutieren

1. Hat jemand das Recht, einen Brief zu öffnen, der an eine andere Person gerichtet ist?
2. Das Briefgeheimnis ist absolut. Unter welchen Umständen könnte jemand versuchen, einen Brief zu öffnen?

Dies und das

1 Ein Gedicht

Lies dieses Gedicht von Theodor Storm.

Einen Brief soll ich schreiben

Einen Brief soll ich schreiben
meinem Schatz in der Fern';
sie hat mich gebeten,
sie hätt 's gar zu gern.

Da lauf ich zum Krämer[1],
kauf Tint' und Papier
und schneid mir eine Feder
und sitz nun dahier.

Als wir noch mitsammen
uns lustig gemacht,
da haben wir nimmer
ans Schreiben gedacht.

Was hilft mir nun Feder
und Tint' und Papier?
Du weißt, die Gedanken
sind allzeit bei dir.

THEODOR STORM
(1817-1888)

---

1 grocer *(antiquated term)*

Kapitel

10 *Vor dem Lesen*
Wer ist Bill Barton?

Lesestrategie

Zusammenfassen Eine Zusammenfassung besteht aus kurzen Angaben der wichtigsten Begebenheiten oder Gedanken eines Textes. Zusammenfassen hilft dem Leser, einen Text besser zu verstehen und zu behalten. Für eine gute Zusammenfassung ist es erforderlich, die wichtigsten Wörter im Text zu identifizieren. Das hilft, den Text besser zu analysieren und zu bewerten.

Übung

Lies das Märchen von Hänsel und Gretel in Kapitel 5 noch einmal. Lies danach den Text unten. Entscheide welche Informationen wichtig zum Verständnis des Märchens sind und welche nicht unbedingt erwähnt werden müssen. Streiche alles unwichtige heraus und schreib danach nur die wichtigsten Begebenheiten als neue Zusammenfassung auf.

Es war einmal eine arme Holzhackerfamilie, die wohnte am Rande des Waldes in einer kleinen Hütte, in der es wahrscheinlich immer dunkel und kalt war. Sie mussten jeden Tag Holz für das Feuer suchen. Dies war harte Arbeit. Die Kinder, ein Junge und ein Mädchen, hießen Hänsel und Gretel. Weil sie nicht genug zu essen hatten, entschieden die Eltern eines Tages, die Kinder in den Wald zu führen und sie dort zu lassen. Sie sollten nicht mehr nach Hause finden. Hänsel hörte dies, da er des Nachts nicht schlafen konnte. Er schlich aus dem Haus und sammelte viele kleine Steinchen, um sie am nächsten Morgen heimlich auf den Weg zu streuen.

Landeskunde

Der Deutsche Akademische Austauschdienst (DAAD) fördert begabte ausländische Studenten, um künftige Führungspersön-lichkeiten in Wissenschaft, Wirtschaft, Politik und Kultur als Partner und Freunde für Deutschland zu gewinnen. Der DAAD fördert begabte deutsche Studenten, um sie als Führungspersönlichkeiten im Geiste internationaler und interkultureller Erfahrung weltoffen zu qualifizieren. Der DAAD bietet über 200 Programme und Projekte an und hat seinen Sitz in Bonn-Bad-Godesberg. E-Mail: postmaster@daad.de

Der Bonner Sitz des DAAD

Wer ist Bill Barton?

Beim Lesen

Hast du schon einmal jemanden für eine andere Person gehalten, und wie hast du diese Verwechslung bemerkt?

A. Warum fährt Ute mit ihrem Wagen durch die Innenstadt?

B. Was für einen Fehler hat sie gemacht?

C. Warum fährt Ute überhaupt zum Flughafen?

D. Wen soll sie abholen, und wie kann sie diese Person erkennen?

„Fahr bitte langsam, Ute! Du hast genügend Zeit", hat heute Morgen Frau Hofer zu ihrer Tochter gesagt, bevor Ute an diesem schönen Freitagmorgen bei strahlendem Sonnenschein in den Wagen steigt, das Sonnendach[1] zurückschiebt und den Wagen langsam auf die Straße rollen lässt.

Ute hat sich noch nicht entschlossen[2], welchen Weg sie zum Flughafen nehmen soll: die Route durch die Innenstadt ist sehr verlockend. Sie war erst vor zwei Wochen diese Strecke mit ihrem Vater gefahren, als sie ihn zum Flughafen brachte. Sie erinnert sich an die leeren Straßen der Innenstadt, und sie hatte die Stadt an jenem Sonntagmorgen bezaubernd schön gefunden.

Als sich Ute nun dem Stadtzentrum nähert[3], wird ihr klar, dass sie doch einen Fehler gemacht hat: Fahre im Berufsverkehr[4] nie durch die Innenstadt!

„So was Dummes!" sagt sie gähnend. „Was für ein Schaf ich bin! Ich könnte jetzt noch mit Mutti auf der Terrasse sitzen, noch eine Tasse Kaffee trinken, anstatt den stinkenden Rauch dieser Autos einzuatmen[5]!" Aber was helfen solche Gedanken? Mit dieser Fahrt zum Flughafen tut sie der Brigitte, ihrer Freundin von nebenan, einen großen Gefallen[6].

„Du, Ute, kannst du für mich zum Flughafen fahren und den jungen Amerikaner abholen? Du weißt doch, dass sich Markus mit einem amerikanischen Studenten schreibt, und der kommt morgen zu uns auf Besuch. Und der Markus ist noch nicht aus Italien zurück, und ich muss unbedingt[7] morgen früh zum Zahnarzt."

„Das mach ich gern, Brigitte! Und ich kenne jetzt den Flughafen gut. Nur wie heißt der junge Mann, und wie erkenne ich ihn?"

„Ich hab ihn auch erst einmal auf einem Foto gesehen. Er ist ein Meter neunzig groß, er ist sehr schlank und hat schwarz gelockte Haare. Er schreibt, dass er mit einem großen, roten Rucksack kommt. Und er heißt Bill Barton."

---

1 sunroof   **2** has not decided yet   **3** as Ute approaches   **4** rush-hour traffic
5 inhale the smoke   **6** favor   **7** absolutely

Hinter dem Bahnhof wird der Verkehr etwas besser, und wenige Minuten später erreicht Ute die Autobahn auf der anderen Stadtseite, wo sie jetzt nur noch zehn Minuten bis zum Flughafen hat. Ute findet schnell einen Parkplatz, und auf der Parkuhr sind noch 20 Minuten!

Die Maschine ist schon vor 15 Minuten gelandet. Aber es dauert immer eine Weile, bis die Reisenden durch die Passkontrolle und dann mit ihrem Gepäck durch den Zoll[1] kommen.

In der Wartehalle hört Ute ein großes Stimmengewirr.[2] Überall sieht sie Leute, lachende und weinende Gesichter, Leute, die sich umarmen, küssen und dann zusammen durch den Ausgang gehen. Da öffnet sich wieder die automatische Tür, und ein großer, roter Rucksack wird sichtbar[3]. Das muss er sein!

„Bill Barton!" ruft Ute.

Der große junge Mann mit dem roten Rucksack kommt auf Ute zu und gibt ihr die Hand. „Ich bin die Ute, eine Freundin von Brigitte. Brigitte ist beim Zahnarzt, und deshalb hole ich Sie ab. Willkommen in Deutschland! Ist das Ihr ganzes Gepäck? Wie war der Flug . . . ?"

Der große junge Mann hat gar keine Zeit zum Antworten. Er lächelt Ute nur an und folgt ihr aus der Wartehalle durch den Ausgang, über die Straße und auf den Parkplatz zum Auto.

„Was für ein tolles Auto! So eins möchte ich mir auch einmal kaufen. Wie schnell fährt es?"

E. Wartet Bill Barton schon auf Ute?

F. Was sieht Ute in der Wartehalle?

G. Wie begrüßt Ute den Bill Barton?

H. Was interessiert Bill am meisten?

. . . .

1 customs   **2** din of voices   **3** becomes visible

Kapitel 10

Beim Lesen

I. Was sagt Bill über den Verkehr in Amerika?

J. Was sagt Ute über Markus' Autofahren?

K. Was erfährt Bill alles über Markus?

L. Aber was weiß Bill nicht?

M. Was möchte Ute alles von Bill wissen?

N. Warum fährt Ute zum Flughafen zurück?

O. Worüber war Bill eigentlich überrascht?

P. Wie stellt sich Ute vor?

Ute fährt langsam aus der Parklücke[1] heraus und erzählt Bill, dass dieser BMW auf der Autobahn leicht seine 200 Stunden kilometer fährt. Aber so schnell fährt sie nie!

Bill erwähnt[2], dass man in ganz Amerika nicht schneller als 75 Meilen fahren darf und dass das sogar auf den Straßen um Großstädte herum gar nicht möglich ist, weil der Verkehr zu groß ist.

Ute hat die Autobahn erreicht und lässt den Wagen auf 130 laufen. „Der Markus fährt immer schneller", meint sie, „aber sein Vater hat das gar nicht gern."

„Wer ist Markus?" fragt der junge Amerikaner plötzlich. Ute sieht ihn lächelnd an. Hat er sie nicht verstanden?

„Der Markus kommt erst heute Abend zurück. Er hat Ihnen doch geschrieben, dass er in Italien ist."

„Das weiß ich nicht, und ich weiß noch immer nicht, wer Markus ist."

Ute verringert die Geschwindigkeit[3]. Es kann doch nicht sein, dass . . . „Sagen Sie, Sie sind doch Bill Barton?"

„Bill Barton? Nein, ich heiße Will Baden."

„Sie haben ein DAAD Stipendium und studieren Medizin, nicht?"

„Nein, Biologie. Und ich habe kein DAAD Stipendium."

„Sie kommen aus Chicago?"

„Nein, aus New York. Und wer ist Bill Barton?"

„Das möchte ich auch gern wissen."

Ute hatte schon die nächste Ausfahrt entdeckt. Wir fahren zurück zum Flughafen. Ich soll einen Bill Barton abholen!"

„Es tut mir wirklich Leid. Ich habe gedacht, sie haben Will Baden gesagt. Ich habe eigentlich eine etwas ältere Dame erwartet, und ich war überrascht, als ich Sie gesehen hab."

Jetzt müssen beide richtig lachen. „Sie heißen also auch nicht Enzinger, denn ich soll bei den Enzingers wohnen."

„Ich heiße Ute Hofer. Und ich soll einen Bill Barton abholen, der aus Chicago kommt und der neben uns bei den Brunners wohnen soll."

---

1 parking space   **2** mentions   **3** lowers the speed

Ute findet gleich wieder einen Parkplatz. Will nimmt seinen roten Rucksack aus dem Kofferraum, und die beiden gehen wieder in die Wartehalle. Jetzt sind nicht so viele Leute da und siehe – an einer Säule lehnend[1] – ein großer, schwarz gelockter junger Mann, mit einem roten Rucksack vor den Füßen und einem Schild in der Hand: Bill Barton.

Ute läuft gleich auf ihn zu und stellt sich vor und auch den Will, und sie erzählt dem jungen Mann, was passiert ist[2]. Alle drei lachen herzlich über diese Verwechslung[3].

„Jetzt müssen wir nur noch die Dame finden, die mich abholen soll", meint Will. Er nimmt Bills Schild, schreibt Will Baden auf die Rückseite und hält es hoch über den Kopf.

Bill schaut zu den Wartenden hinüber. Da erhebt sich eine reizende ältere Dame und kommt lächelnd auf die drei zu. „Will Baden? Ich dachte schon, sie hätten Ihren Flug verpasst[4]."

„Frau Enzinger, ja? – Es tut mir Leid, aber ich habe mit dieser jungen Dame schon eine kleine Stadtrundfahrt gemacht." Und er und Ute erzählen ihr, was passiert ist.

„Das ist ein Grund zu einer Tasse Kaffee", meint Frau Enzinger. „Ich lade sie alle herzlich dazu ein, und wir können mit dieser Geschichte noch einmal von vorn beginnen."

Will findet diese Idee super. Jetzt hat er bestimmt noch eine Gelegenheit[5], Utes Telefonnummer zu erfahren.

Beim Lesen

Q. Wen sehen die beiden, als sie weider in die Wartehalle kommen?

R. Worüber lachen die drei jetzt?

S. Wen müssen sie nun finden, und was macht Bill?

T. Wer kommt auf die drei zu?

U. Was erzählt Bill der Frau Enzinger?

V. Was schlagt Frau Enzinger jetzt vor?

W. Warum findet Bill diese Idee super?

---

1 leaning against a pillar   **2** what happened   **3** mistake   **4** you had missed your flight
5 opportunity

Kapitel 10   **93**

Nach dem Lesen
Übungen

 1 Den Text organisieren

Lies den Text und suche Informationen über die folgenden Personen. Schreib die Informationen auf ein Blatt Papier.

1. Ute   **2.** Brigitte   **3.** Markus

4. Bill   **5.** Will   **6.** Frau Enzinger

2 Information erkennen

Sind die folgenden Sätze richtig (R) oder falsch (F)?

R   **F**

☐ ☐   **1.** Ute fährt 200 Kilometer auf der Autobahn.

☐ ☐   **2.** Will Baden hat ein DAAD Stipendium.

☐ ☐   **3.** Ute fährt mit ihrem Vater zum Flughafen.

☐ ☐   **4.** Will hat mit Frau Enzinger eine Stadtrundfahrt gemacht.

☐ ☐   **5.** Ute schreibt sich mit einem amerikanischen Studenten.

☐ ☐   **6.** Will Baden studiert Biologie.

☐ ☐   **7.** Will möchte gern Utes Telefonnummer erfahren.

☐ ☐   **8.** Das Flugzeug ist noch nicht gelandet.

☐ ☐   **9.** Will Baden hat eine ältere Dame erwartet.

☐ ☐   **10.** Frau Enzinger möchte die Geschichte noch mal von vorn hören.

☐ ☐   **11.** Ute fährt für ihre Freundin zum Flughafen.

☐ ☐   **12.** Markus ist beim Zahnarzt. Deshalb holt Ute den Amerikaner ab.

☐ ☐   **13.** In der Wartehalle steht Bill Barton und wartet.

☐ ☐   **14.** Der junge Amerikaner weiß nicht, wer Markus ist.

☐ ☐   **15.** Am Flughafen findet Ute keinen Parkplatz.

3 Zum Überlegen

1. Welches sind die Aufgaben vom DAAD?

2. Würdest du dich gern um ein DAAD Stipendium bewerben? Warum? Warum nicht?

4 Was passt zusammen?

Suche für jeden Satzanfang auf der linken Seite das Satzende auf der rechten Seite.

1. Ute tut ihrer Freundin Brigitte _____.
2. Sie fährt für ihre Freundin _____.
3. Brigitte muss nämlich unbedingt _____.
4. Ihr Bruder Markus ist noch _____.
5. Auf dem Flughafen findet Ute schnell _____.
6. Die Reisenden kommen schon _____.
7. Die Tür öffnet sich, und Ute sieht _____.
8. Das ist der Amerikaner, das ist _____.
9. Willkommen! Ist das _____?
10. Ute verlässt den Flughafen und _____.
11. Sie lässt den Wagen schnell auf _____.
12. Sie sagt, der Markus _____.
13. Da fragt der amerikanische Student, _____.
14. Sie haben doch ein DAAD Stipendium _____.
15. Nein, ich studiere _____.
16. Ute hat schon _____.
17. Sie heißen auch nicht Enzinger, denn _____?
18. In der Wartehalle im Flughafen steht _____.
19. Es ist Bill Barton. Er hält _____.
20. Jetzt müssen wir nur noch _____.

a. Bill Barton
b. Biologie
c. die Frau Enzinger finden
d. die nächste Ausfahrt entdeckt
e. durch den Ausgang
f. ein Schild in der Hand
g. ein schwarz gelockter junger Mann
h. einen großen Gefallen
i. einen großen Rucksack
j. einen Parkplatz
k. 130 Stundenkilometer laufen
l. fährt auf die Autobahn
m. fährt immer schneller
n. ich soll bei den Enzingers wohnen
o. Ihr ganzes Gepäck
p. wer Markus ist
q. in Italien
r. und studieren Medizin
s. zum Flughafen
t. zum Zahnarzt

5 Und du?

Ist dir schon einmal eine ähnliche Geschichte passiert? Erzähle deine Geschichte deinen Klassenkameraden.

6 Will Baden schreibt an seine Eltern

Nimm die Rolle von Will Baden an und berichte deinen Eltern das Erlebnis am Flughafen.

Dies und das

1 ### Zwei Gedichte
Lies „Dunkel war's" und schreib alle Gegensätze auf ein Blatt Papier, z. B.:
dunkel – hell; schneebedeckt – grün. Lies danach „Bumerang".

Dunkel war 's . . .

Dunkel war 's, der Mond schien helle,
schneebedeckt die grüne Flur[1],
als ein Wagen blitzesschnelle
langsam um die Ecke fuhr.

Drinnen saßen stehend Leute
schweigend ins Gespräch vertieft[2],
als ein totgeschossner Hase
auf der Wiese Schlittschuh lief.

Und auf einer roten Bank,
die braun angestrichen war,
saß ein blond gelockter Jüngling
mit kohlrabenschwarzem Haar.

Neben ihm 'ne alte Schachtel[3],
zählte kaum erst sechzehn Jahr.
Und sie aß ein Butterbrot,
das mit Schmalz bestrichen war[4].

Droben auf dem Apfelbaume,
der sehr süße Birnen trug,
hing des Frühlings letzte Pflaume
und an Nüssen noch genug.

Bumerang

BUMERANG

War einmal ein Bumerang;
war ein weniges zu lang.
Bumerang flog ein Stück,
aber kam nicht mehr zurück.
Publikum – noch stundenlang –
wartete auf Bumerang.

JOACHIM RINGELNATZ (1873–1930)

. . . .

1 meadows **2** deep in conversation **3** an old bag **4** spread with lard

Kapitel

11 *Vor dem Lesen*
Dattes und das Flussgespenst

Lesestrategie

Den Inhalt eines Textes voraussagen Man kann einen Text schneller lesen, wenn man voraussagen kann, worüber der Text handelt. Auch Überschriften, Grafiken, Illustrationen und das Format eines Textes können helfen, den Inhalt des Textes vorauszusagen.

Übung

Sieh dir den Text unten an und überlege, um was für einen Text es sich handeln könnte. Versuche den Text so detailliert wie möglich zu charakterisieren. Zähle alle Merkmale auf, die dir dabei helfen.

Deor Kassadull vabaint

Ragmehnet vos Malkor abaint,
Oersakkelt dus vlamt krabaut?
Sachnehmt kal Oihalt vabaint,
Kucksamal ib vul verastitaut!!!

Kicknehmel verson u Friedai
Santosen ben Himjal kassull?
Dertuna gal fundi Draschudai,
Ka Molchem fun Kassadull!!!

Landeskunde

Die „Pfadfinder", ein Jugendverband für Jungen und Mädchen, wurde 1911 in Deutschland nach dem Vorbild der englischen Boyscouts gegründet. Heute gibt es mehrere Pfadfinderverbände, die man in jedem Bundesland findet. Den Pfadfindern stehen für wenig Geld Häuser oder Zeltplätze zur Verfügung, die in schönen Gegenden liegen und den Mitgliedern viele Möglichkeiten für Spiel und Sport bieten. Der Verband hat seine eigene Webseite: www. pfadfinder.de *Gut Pfad!*

Ein Zeltlager der Pfadfinder

Beim Lesen

Kannst du dich an Erlebnisse erinnern, die du beim Zelten hattest?

A. Wo sind die Seeadler, und warum haben sie drei Zelte aufgestellt?

B. Wer ist Dattes und was ist sein Wahlspruch?

Dattes und das Flussgespenst[1]

Konrad war mit seiner Gruppe zum ersten Mal auf Lager[2]. Auf einer großen schönen Wiese, schräg gegenüber der fremden Stadt, hatten sie die drei Viermannzelte aufgeschlagen.

Eigentlich hätten ja auch zwei Zelte genügt[3], denn die Gruppe der Seeadler, wie sie sich stolz nannten, war nur acht Mann stark. „Drei sehen besser aus!" hatte Dattes gemeint, und so hatten sie eben das dritte Zelt auch noch mitgeschleppt.

Dattes – kein Mensch wusste, warum er diesen komischen Spitznamen hatte, aber jeder meinte, dass er recht gut zu ihm passte – Dattes hatte den Ausspruch[4] aber im Hinblick auf etwaige Lagerüberfälle[5] gemacht, von denen er seit Wochen Tag und Nacht träumte. Dattes war nämlich ein wenig furchtsam oder – wie er

1 river ghost   2 camping out   3 would have sufficed   4 pronouncement   5 possible attacks on the camp

selbst von sich sagte – vorsichtig. „Besser ist besser!" hatte er von seinem Großvater als Wahlspruch[1] gelernt, und der war Heftpflasterfabrikant[2] gewesen.

„Die Wache[3] von zwölf bis eins hat Dattes!" verkündigte Konrad, der Gruppenführer, am ersten Abend. Dattes schrak zusammen[4]. „Das geht doch nicht", stammelte er, „so mitten in der Nacht."

„Was denn! Die andern stehn doch auch."

„Aber nicht von zwölf bis eins!"

Warte, mein Lieber, dachte Konrad still bei sich und tat heimlich einen feierlichen Schwur[5]: Dir vertreib ich noch deine Hasenfüßigkeit[6]! – Laut sagte er: „Gut, dann tauschst du heute mit Benno und stehst von elf bis zwölf."

Das fiel den Seeadlern nicht wenig auf, denn es kam selten vor, dass ihr Gruppenführer so leicht nachgab. Dass er aber am nächsten Vormittag über die Brücke in die Stadt hinunterging, weil noch „Verschiedenes zu erledigen wäre[7]", wunderte keinen.

1 motto 2 bandage manufacturer 3 watch 4 froze 5 sacred vow
6 I'll rid you of your cowardice. 7 various things to take care of

---

Beim Lesen

C. Warum schrak Dattes zusammen?

D. Was dachte Konrad und was tat er?

E. Was wunderte keinen der Jungen?

Beim Lesen

F. Was geschah um Mitternacht?

G. Wo setzt sich Dattes hin und warum gerade dorthin?

H. Warum riss Dattes plötzlich die Augen weit auf?

I. Was hörte er?

J. Was sieht Dattes auf dem Fluss?

Sie legten sich in der Zwischenzeit alle faul in die Sonne, um möglichst braun gebrannt nach Hause zu kommen, denn auch bei ihnen galt[1] die Hautfarbe als Gradmesser für die Güte eines Lagers.

An diesem zweiten Abend traf die Wache Dattes unwiderruflich[2] von zwölf bis eins. „Ich denke nicht, dass du Angst vor Gespenstern hast", meinte Konrad so obenhin.

Die großen Glocken[3] der Stadt hörte man in der stillen Nacht bis zum Lager herüber. Eben schlugen sie Mitternacht. Benno übergab Dattes den Wimpelspeer[4]. „Mach 's gut!"

Dattes klapperte mit den Zähnen. „Willst du nicht noch ein bisschen dableiben, Benno?" fragte er.

„Sonst nichts? Ich hab noch von gestern eine Stunde nachzuschlafen[5]."

Damit verschwand die abgelöste Lagerwache[6] in das mittlere Viermannzelt. Der neue Wächter aber hockte sich dicht neben das Feuer. Da war es wenigstens hell! „Wenn ich schon überfallen werde, dann hier!" war sein heldischer Entschluss[7].

Es raschelte[8] – einmal hier und einmal da; dann wieder glaubte Dattes im Gebüsch Äste knacken zu hören oder schleichende Schritte[9] hinter den Zelten. Jedesmal riss der Junge die Augen weit auf und starrte angestrengt[10] in die gefährliche Richtung; aber da sah er natürlich nichts! Selbst wenn wirklich etwas da gewesen wäre, hätte er es nicht bemerkt, weil er ja so ungeschickt im hellen Feuerschein saß, dass seine Augen geblendet waren.

Wieder drang ein Geräusch[11] an sein Ohr. Diesmal klang es ganz eigenartig[12]. Hörte es sich nicht so an, als würde einer über den Fluss herüberrudern?

Ja, genauso war es!

Und wie vorsichtig der Kerl die Ruder[13] ins Wasser tauchte. Oder waren es gar mehrere Kerle?

Dattes riss die Augen weit auf.

Und jetzt meinte er auch etwas zu erkennen[14]. Ja, tatsächlich! Es kam jemand über den Strom gerudert. Wie ein verschwommener Schatten[15] hob sich die Gestalt gegen die Brücke mit ihren unregelmäßigen Lichtflecken ab. Ein Boot sah man nicht, dafür um so deutlicher den etwas helleren Oberkörper[16] des Ruderers und sein Ruder, das er langsam und fast feierlich durchs Wasser zog.

....

1 was considered   2 irrevocably   3 bells   4 banner   5 have to catch up on my sleep
6 relieved watch   7 heroic resolution   8 there was a rustling noise
9 sneaking footsteps   10 attentively   11 noise   12 strange   13 oars
14 to recognize   15 hazy shadow   16 upper part of the body

Nun wäre das alles eigentlich gar nichts Besonderes gewesen! Es konnte doch auch einmal ein harmloser Städter eine Nachtfahrt unternehmen, vielleicht, weil er nicht einschlafen konnte oder vom Arzt ein wenig Ausgleichssport verordnet bekommen hatte[1]!

Aber da war eben doch etwas, und das verursachte bei Dattes beinahe Schüttelfrost[2]: Der fremde Wasserfahrer, der übrigens genau auf die Wiese mit den drei Zelten zuhielt[3], sang. Oder vielmehr: Er sang nicht, sondern heulte! Heulen war vielleicht auch nicht das richtige Wort. Es war eher eine Mischung aus Radio-Rückkopplung, Katzengebalge, Kleinkinderschluchzen und Eulenrufen*. Dazwischen rasselte hin und wieder eine Kette[4].

Jetzt – jetzt stieß der Unheimliche[5] ans Ufer.

Jetzt – jetzt stieg er an Land.

Jetzt – jetzt kam er langsam auf das Wachfeuer zu. Ganze dreißig Meter lagen noch zwischen ihm und dem Jungen.

Dattes fand gerade noch Zeit, bei sich zu schwören[6], dass er nie mehr auf Lager mitgehen und erst recht nicht während der Geisterstunde[7] Wache stehen werde, da war der unheimliche Gast schon bis auf zwanzig Meter herangekommen.

Jetzt unterschied der Bub erst, was der unheimliche Besucher überhaupt meinte mit seinem Singen, Kichern, Flüstern und Stöhnen. Es war nicht etwa ein wirres Wortgemisch[8], sondern – leider! – etwas durchaus Sinnvolles[9]. Immer näher und immer deutlicher hörte Dattes den Text:

* The author is giving the reader a description of the boatman's howling: a mixture of mistuned radios, howling cats, whimpering children, and hooting owls.

....

1 had prescribed a little exercise   **2** shivers   **3** headed for   **4** chain   **5** spooky figure **6** to make a vow to himself   **7** witching hour   **8** confused jumble   **9** something quite meaningful

Beim Lesen

K. Wer könnte der Ruderer vielleicht sein?

L. Was war es, was bei Dattes beinahe Schüttelfrost verursachte?

M. Was schwor Dattes bei sich, und warum tat er das?

N. Was hörte Dattes jetzt ganz deutlich?

O. Warum stockte dem Dattes fast das Blut in den Adern?

P. Was machte das Gespenst plötzlich?

Q. Wer war das Gespenst?

„Wenn ich nurrr wüsst[1] – chuchachi
wooo einerrr ist – chuchachi
derrr sich grad hier – chuchachi
fürchtet vorrr mir[2] – chuchachi;
deeen mach ich gleich – chuchachi
ganz einfach bleich[3] – chuchachi!"

Bei dem letzten Satz machte das tanzende Rudergespenst eine nicht misszuverstehende[4] Geste des Halsumdrehens. Dattes stockte fast das Blut in den Adern. Fünfzehn Meter war die grässliche Spukgestalt[5] nur noch entfernt, und schon begann sie wieder von neuem: „Wenn ich nur wüsst – chuchachi . . ."

Aber sie brachte ihr Verslein nicht zu Ende. Bei der Zeile „fürchtet vor mir" tat Dattes etwas, was ihm weder Konrad noch irgendein anderer aus der Gruppe der Seeadler zugetraut hätte[6], etwas, was sogar das Gespenst überraschte.

Sagte ich „überraschte"? Erzittern machte. Denn mitten im Satz blieb ihm die Stimme stecken. Er guckte, als sei ihm selbst ein Gespenst begegnet, und dann machte es kehrt[7]. Rannte durch die Dunkelheit zurück. Ans Ufer. Ins Boot. Mit hastigen Ruderschlägen floh es auf das dunstige Wasser hinaus und verschwand schließlich hinter den noch schwärzeren Brückenpfeilern[8] im Dunkel der Nacht.

Sprachlos starrte Konrad, der das Gespenst – einen alten Schulfreund in der Stadt – doch noch selber am Morgen „bestellt" hatte, aus dem Zelt.

1 if I only knew **2** is afraid of me **3** make him pale (kill him) **4** unmistakeable
5 horrible phantom **6** would have thought him to be capable of **7** he turned in his
tracks **8** bridge supports

Wortlos kamen die Seeadler, die bis auf Dattes allesamt eingeweiht waren[1], aufs Lagerfeuer zu. Sie hatten alles genau mitverfolgt und waren schon beim bloßen Anblick des Rudergespenstes erschrocken, obwohl sie doch wussten, wie harmlos es war. Und Dattes lachte das Gespenst einfach aus[2]? Ausgerechnet Dattes[3], den sie bisher immer für einen Hasenfuß angeschaut hatten.

„Sag einmal, Dattes", bestürmten sie ihn, „wie hast du das nur fertiggebracht[4], da noch zu lachen?"

„Oh", meinte Dattes", weil dieser komische Uhu[5] 'vor mir' gesagt hat, wo es doch 'vor mich' heißen muss!"

Jetzt war die Reihe an Dattes[6], sich mächtig zu wundern, denn nun brachen die anderen plötzlich in ein unbändiges Lachen[7] aus!

Hoffentlich weißt du, warum*?

THOMAS BURGER

R. Was überraschte die anderen Seeadler?

S. Was wollen die Jungen von Dattes wissen?

T. Was ist Dattes' Antwort?

U. Worüber wunderte sich Dattes nun?

V. Weißt du, warum?

*Some people, even native speakers of German, have difficulty using dative and accusative case forms correctly. The following saying applies to them: **Mir und mich verwechsle ich nicht – das ist bei mich nicht möglich.**

1 who all were in on it   2 simply laughed at   3 Dattes of all people   4 how did you manage   5 this funny bird   6 now it was Dattes' turn   7 hysterical laughter

Nach dem Lesen
Übungen

1 ◆ **Welche Antwort passt, a, b oder c?**

1. Dattes träumte schon seit Wochen von ____ .
    a. Viermannzelten   **b.** Lagerüberfällen   **c.** Gespenstern

2. Dattes sagt, er ist „vorsichtig", aber in Wirklichkeit ist er ein wenig ____ .
    a. ungeschickt   **b.** geblendet   **c.** furchtsam

3. Dattes wollte nicht in der Nacht ____ .
    a. auf Lager gehen   **b.** Wache stehen   **c.** beim Feuer sitzen

4. Konrad ging am andern Tag in die Stadt, denn er hatte dort ____ .
    a. etwas zu erledigen   **b.** ein Lagerfeuer   **c.** eine andere Gruppe

5. Um Mitternacht übergab Benno dem Dattes ____ .
    a. das Viermannzelt   **b.** den Wimpelspeer   **c.** das Lagerfeuer

6. Dattes, der neue Wächter, setzte sich neben ____ .
    a. den Fluss   **b.** das Zelt   **c.** das Feuer

7. Es raschelte, und Dattes starrte in die gefährliche ____ .
    a. Richtung   **b.** Stadt   **c.** Lagerwache

8. Jemand kam über den Strom gerudert. Dattes sah im Boot ____ .
    a. eine Gestalt   **b.** einen Schatten   **c.** einen Seeadler

9. Das Boot kam direkt auf Dattes zu, und er bekam beinahe ____ .
    a. Ausgleichssport   **b.** Schüttelfrost   **c.** Wasserfahrer

10. Der Unheimliche stieß ans Ufer und näherte sich ____ .
    a. dem Land   **b.** dem Viermannzelt   **c.** dem Wachfeuer

11. Dem Dattes stockte das Blut in ____ .
    a. den Adern   **b.** dem Gespenst   **c.** dem Ruderer

12. Plötzlich tat Dattes etwas, was das Gespenst ____ .
    a. nicht konnte   **b.** überraschte   **c.** deutlich hörte

13. Mitten im Satz blieb dem Gespenst die Stimme ____ .
    a. erzittern   **b.** hören   **c.** stecken

14. Es rannte zum Boot zurück und floh auf ____ .
    a. das Wasser   **b.** das Land   **c.** die Stadt

15. Die andern Seeadler kommen aus dem Zelt. „Wie hast du das nur ____ ?"
    a. gesehen   **b.** fertiggebracht   **c.** gehört

16. Dieser komische Uhu hat „vor mir" gesagt, wo es doch „vor mich" ____ .
    a. wundert   **b.** sagt   **c.** heißt

2 Was passt zusammen?

Suche ein passendes Wort aus dem Kasten, das jeden dieser Sätze vollendet.

Boot	Heftpflasterfabrikant	Lager	Viermannzelte	Wache
Feuerschein	Hasenfüßigkeit	Schwur	Seeadler	Wasserfahrer
Geräusch	Spitzname	Spukgestalt	Wimpelspeer	Gestalt

1. Der Name der Gruppe, der Dattes angehört, ist ____ .

2. Heute ist die Gruppe zum ersten Mal mit Konrad auf ____ .

3. Sie sind acht Mann, haben aber drei ____ .

4. Dattes ist nicht sein richtiger Name, es ist ein ____ .

5. Dattes' Großvater war ____ .

6. Dattes erschrak, als Konrad sagte: „Von 12 bis 1 Uhr hast du ____ ."

7. Konrad tat einen heimlichen ____ .

8. „Dir vertreib ich noch deine ____ !"

9. Um Mitternacht übergab Benno dem Dattes den ____ .

10. Dattes' Augen waren geblendet, denn er saß im hellen ____ .

11. Da hörte Dattes ein ____ .

12. Dann sah er ein Boot und darin eine ____ .

13. Wohin fährt denn dieser fremde ____ ?

14. Das Gespenst kam ans Ufer. Immer näher kam die ____ .

15. Da lachte Dattes laut, und das Gespenst rannte zurück zum ____ .

3 Nacherzählen

Erzähle diese Geschichte aus der
Perspektive der „Spukgestalt".
Denk dabei an Folgendes:
a. Wer ist die Spukgestalt?
b. Woher weiß sie, was zu tun ist?
c. Wie nähert sie sich dem Lager?
d. Was erschreckt sie?

Dies und das

1 Ein Rätsel

Überlege dir, wie der Mann ein Lamm, einen Wolf und einen Korb Gemüse sicher über den Fluss bringen kann. Was soll er zuerst tun? Und dann? Danach?

Was zuerst?

Ein Mann hat ein Lamm, einen Wolf und einen Korb Gemüse. Er will das Lamm, den Wolf und den Korb Gemüse über den Fluss bringen.

Der Mann hat ein Boot, aber das Boot ist sehr klein. Der Mann kann das Lamm, den Wolf und den Korb Gemüse nicht zusammen im Boot über den Fluss bringen, sondern nur das Lamm allein, oder nur den Wolf allein oder nur das Gemüse allein.

Aber da ist ein Problem! Der Mann kann das Lamm und den Korb Gemüse nicht allein lassen, denn das Lamm frisst Gemüse. Und der Mann kann auch das Lamm und den Wolf nicht zusammen allein lassen, denn der Wolf frisst Fleisch.

Was soll der Mann tun?

2 Schon gehört?

Das Passagierschiff fährt an einer ganz kleinen Insel vorbei. Ein Mann mit langem Bart und zerfetzter Kleidung hüpft dort wie verrückt herum und schwenkt die Arme.

Da fragt ein Passagier den Kapitän: „Was macht er denn da?" Antwortet der Kapitän: „Ach der, ja, der freut sich immer so, wenn wir hier vorbeikommen."

Kapitel

12 *Vor dem Lesen*
Der Mann, der nie zu spät kam

Lesestrategie

Strategien kombinieren Erfahrene Leser gebrauchen beim Lesen viele Strategien, um einen Text zu erschließen. Manche Texte erfordern mehr und andere weniger Strategien.

Übungen

A Hier ist eine kleine Auswahl von Lesestrategien, die für den Text dieses Kapitels angewendet werden können. Schreib beim Lesen die Antworten zu den Fragen auf einen Zettel.

1. Was sagt die Überschrift über den Inhalt des Textes aus?
2. Welchen Hinweis geben die Illustrationen?
3. Welches Vorwissen über welche Themen hilft beim Lesen des Textes?
4. Welche Voraussagen über das Ende des Textes kann man machen?
5. Welche eigenen Erfahrungen helfen dir, den Text besser zu verstehen?
6. Was ist der Hauptgedanke?

B Schreib auf jede Zeile, wie dir die Strategie geholfen hat.

Landeskunde

Paul Maar wurde 1937 in Schweinfurt geboren. Er arbeitete als Kunsterzieher, als er 1968 mit dem Schreiben begann. Heute arbeitet Paul Maar ausschließlich als Autor von Kinder- und Jugendbüchern, Funkerzählungen, Kindertheaterstücken und als Illustrator. Er bekam viele Preise für seine Werke, unter anderem den Deutschen Literaturpreis, den Großen Preis der Deutschen Akademie für Kinder- und Jugendliteratur und den Gebrüder Grimm Preis.

Paul Maar

Beim Lesen

Bist du immer pünktlich oder kommst du oft zu spät? Wie fühlst du dich, wenn du zu spät kommst? Was machst du, um nicht zu spät zu kommen?

A. Worauf ist Wilfried Kalk sehr stolz?

B. Musste ihn seine Mutter immer wecken?

C. Kam er oft zu spät zur Schule?

D. Was tat Wilfried nie nach der Schule? Warum nicht?

E. Wo arbeitete Wilfried, und warum kam er nie zu spät zur Arbeit?

F. Wie beliebt war Wilfried bei seinem Chef?

G. Was sagten die Kollegen zu Wilfried und was sagte er?

Der Mann, der nie zu spät kam

Ich will von einem Mann erzählen, der immer sehr pünktlich war. Er hieß Wilfried Kalk und war noch nie in seinem Leben zu spät gekommen. Nie zu spät in den Kindergarten, nie zu spät in die Schule, nie zu spät zur Arbeit, nie zu spät zum Zug. Der Mann war sehr stolz darauf.

Schon als Kind war Wilfried regelmäßig eine halbe Stunde vor dem Weckerklingeln aufgewacht[1]. Wenn seine Mutter hereinkam, um ihn zu wecken, saß er angezogen in seinem Zimmer und sagte: „Guten Morgen, Mama. Wir müssen uns beeilen[2]."

Jeden Werktag, wenn der Hausmeister[3] in der Frühe gähnend[4] über den Schulhof schlurfte, um das große Schultor aufzuschließen, stand Wilfried bereits davor.

Andere Kinder spielten nach der Schule Fußball und schauten sich auf dem Heimweg die Schaufenster an. Das tat Wilfried nie. Er rannte sofort nach Hause, um nicht zu spät zum Essen zu kommen.

Später arbeitete Wilfried in einem großen Büro in der Nachbarstadt. Er musste mit dem Zug zur Arbeit fahren. Trotzdem[5] kam er nie zu spät. Er nahm den frühesten Zug und stand immer zwanzig Minuten vor der Abfahrt[6] auf dem richtigen Bahnsteig.

Kein Arbeitskollege konnte sich erinnern, dass er jemals ins Büro gekommen wäre und Wilfried Kalk nicht an seinem Schreibtisch gesessen hätte. Der Chef stellte ihn gern als gutes Beispiel hin.

„Die Pünktlichkeit von Herrn Kalk, die lobe ich mir[7]", sagte er. „Da könnte sich mancher eine Scheibe abschneiden*."

Deswegen sagten die Arbeitskollegen oft zu Wilfried: „Könntest du nicht wenigstens einmal zu spät kommen? Nur ein einziges Mal?"

Aber Wilfried schüttelte den Kopf und sagte: „Ich sehe nicht ein, welchen Vorteil es bringen soll, zu spät zu kommen. Ich bin mein ganzes Leben lang pünktlich gewesen."

*__Du kannst (könntest) dir davon eine Scheibe abschneiden__ is a colloquial way of saying __Du kannst (könntest) dir an ihm ein Beispiel nehmen__.

1 was awakened **2** we must hurry **3** janitor **4** yawning **5** in spite of that
6 before departure time **7** is very commendable

Wilfried verabredete sich nie[1] mit anderen und ging nie zu einer Versammlung. „Das alles sind Gelegenheiten, bei denen man zu spät kommen könnte", erklärte er. „Und Gefahren[2] soll man meiden[3]."

Einmal glaubte ein Arbeitskollege, er habe Wilfried bei einer Unpünktlichkeit ertappt[4]. Er saß im Büro und schaute sich die Sieben-Uhr-Vorstellung[5] an. Da kam Wilfried während des Films herein und tastete[6] sich im Dunkeln durch die Reihe.

„Hallo, Wilfried! Du kommst ja zu spät", sagte der Arbeitskollege verwundert. Aber Wilfried schüttelte unwillig[7] den Kopf und sagte: „Unsinn! Ich bin schon etwas früher gekommen, um rechtzeitig zur Neun-Uhr-Vorstellung hier zu sein."

Ins Kino ging Wilfried sowieso nur selten. Lieber saß er zu Hause im Sessel und studierte den Fahrplan[8]. Er kannte nicht nur alle Ankunfts- und Abfahrtszeiten auswendig[9], sondern auch die Nummer der Züge und den richtigen Bahnsteig.

Beim Lesen

H. Warum ging Wilfried nie zu Versammlungen?

I. Was glaubte einmal ein Arbeitskollege?

J. Was machte Wilfried zu Hause?

1 never made an appointment   2 danger   3 avoid   4 caught   5 seven o'clock show
6 felt his way   7 indignantly   8 schedule   9 knew by heart

Beim Lesen

K. Zu welchem Anlass trank Wilfried zum ersten Mal Alkohol?

L. Wie reagierte Wilfried auf den Sekt?

M. Was passierte am nächsten Morgen?

N. Warum hastete Wilfried zum Bahnhof?

Als Wilfried 25 Jahre lang nie zu spät zur Arbeit gekommen war, veranstaltete[1] der Chef ihm zu Ehren nach Dienstschluss[2] eine Feier. Er öffnete eine Flasche Sekt und überreichte Wilfried eine Urkunde[3]. Es war das erste Mal, dass Wilfried Alkohol trank. Schon nach einem Glas begann er zu singen. Nach dem zweiten Glas fing er an zu schwanken, und als der Chef ihm ein drittes Glas eingegossen hatte[4], mussten zwei Arbeitskollegen den völlig betrunkenen Wilfried heimbringen und ins Bett legen.

Am nächsten Morgen wachte er nicht wie üblich eine halbe Stunde vor dem Weckerklingeln auf. Als der Wecker längst geläutet hatte, schlief er noch immer tief[5]. Er erwachte erst, als ihm die Sonne ins Gesicht schien.

Entsetzt[6] sprang er aus dem Bett, hastete zum Bahnhof. Die Bahnhofsuhr zeigte 9 Uhr 15. Viertel nach neun, und er saß noch nicht hinter seinem Schreibtisch! Was würden die Kollegen sagen? Was der Chef! „Herr Kalk, Sie kommen zu spät, nachdem sie erst gestern eine Urkunde bekommen haben?!"

Kopflos rannte er den Bahnsteig entlang. In seiner Hast stolperte[7] er über einen abgestellten Koffer,[8] kam zu nahe an die Bahnsteigkante,[9] trat ins Leere und stürzte hinunter auf die Schienen.

---

1 gave a party   **2** after work   **3** certificate   **4** had poured   **5** slept soundly
6 horrified   **7** tripped   **8** suitcase   **9** edge of the platform

Noch während des Sturzes wusste er: Alles ist aus. Dies ist der Bahnsteig vier, folglich fährt hier in diesem Augenblick der 9-Uhr-16-Zug ein, Zugnummer 1072, planmäßige Weiterfahrt[1] um 9 Uhr 21. Ich bin tot!

Er wartete eine Weile, aber nichts geschah. Und da er offensichtlich[2] noch lebte, stand er verdattert[3] auf, kletterte auf den Bahnsteig zurück und suchte einen Bahnbeamten.

Als er ihn gefunden hatte, fragte er atemlos: Der 9-Uhr-16! Was ist mit dem 9-Uhr-16-Zug?"

Der hat sieben Minuten Verspätung", sagte der Beamte im Vorbeigehen.

„Verspätung", wiederholte Wilfried und nickte begreifend[4].

An diesem Tag ging Wilfried überhaupt nicht ins Büro. Am nächsten Morgen kam er erst um zehn Uhr und am übernächsten erst um halb zwölf.

„Sind Sie krank, Herr Kalk?" fragte der Chef erstaunt[5].

„Nein", sagte Wilfried. „Ich habe inzwischen nur festgestellt, dass Verspätungen von Vorteil sein können."

PAUL MAAR

O. Was passierte auf dem Bahnsteig, und woran dachte Wilfried sofort?

P. Was tat Wilfried, als nichts geschah?

Q. Was fragte er den Beamten?

R. Was tat Wilfried nun?

S. Was hat Wilfried nun festgestellt?

. . . .

1 scheduled departure **2** obviously **3** flabbergasted **4** comprehendingly
5 amazed

Kapitel 12   **111**

Nach dem Lesen
Übungen

1 Welches Wort passt in welche Lücke?

Ergänze den Text mit einem passenden Wort aus dem Kasten. Es gibt zwei Kästen!

Arbeit	Bahnsteig	Kindergarten	Nachbarstadt	stolz
arbeitete	Beispiel	Leben	spät	Zug

Wilfried Kalk ist noch nie in seinem __1__ zu spät gekommen. Nie zu spät in den __2__ , nie zu spät zur __3__ . Er war sehr __4__ darauf.

Wilfried __5__ in einem Büro in der __6__ . Er nahm den frühesten __7__ und stand schon immer vor der Abfahrt auf dem __8__ . Er kam nie zu __9__ ins Büro, und sein Chef stellte ihn als gutes __10__ hin.

auswendig	Bett	Feier	Koffer	Schienen	Verspätung
Bahnhof	Fahrplan	Kino	Nummern	Sessel	Wecker

Wilfried ging selten ins __11__ . Lieber saß er im __12__ und studierte den __13__ . Er kannte alle Zeiten __14__ , er kannte auch die __15__ der Züge.

Einmal gab ihm sein Chef eine __16__ . Am nächsten Morgen hörte Wilfried den __17__ nicht. Er sprang aus dem __18__ und rannte zum __19__ . Er stolperte über einen abgestellten __20__ und stürzte hinunter auf die __21__ . Aber nichts geschah. Der 9-Uhr-16-Zug hatte __22__ !

2 Was passt zusammen?

Such dir aus dem Text die passenden Verben aus.

1. pünktlich_____
2. zu spät _____
3. stolz _____
4. das Schultor _____
5. die Schaufenster _____
6. den Zug _____
7. am Schreibtisch _____
8. den Kopf _____
9. Gefahren _____

10. den Fahrplan _____
11. eine Feier _____
12. eine Flasche Sekt _____
13. eine Urkunde _____
14. ins Bett _____
15. am Morgen _____
16. über einen Koffer _____
17. auf die Schienen _____
18. Verspätung _____

3. Die richtige Reihenfolge

Welcher Satz kommt zuerst? Dann? Danach?

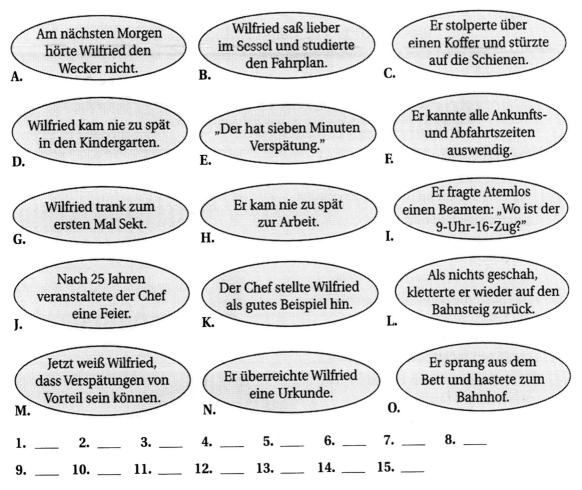

A. Am nächsten Morgen hörte Wilfried den Wecker nicht.

B. Wilfried saß lieber im Sessel und studierte den Fahrplan.

C. Er stolperte über einen Koffer und stürzte auf die Schienen.

D. Wilfried kam nie zu spät in den Kindergarten.

E. „Der hat sieben Minuten Verspätung."

F. Er kannte alle Ankunfts- und Abfahrtszeiten auswendig.

G. Wilfried trank zum ersten Mal Sekt.

H. Er kam nie zu spät zur Arbeit.

I. Er fragte Atemlos einen Beamten: „Wo ist der 9-Uhr-16-Zug?"

J. Nach 25 Jahren veranstaltete der Chef eine Feier.

K. Der Chef stellte Wilfried als gutes Beispiel hin.

L. Als nichts geschah, kletterte er wieder auf den Bahnsteig zurück.

M. Jetzt weiß Wilfried, dass Verspätungen von Vorteil sein können.

N. Er überreichte Wilfried eine Urkunde.

O. Er sprang aus dem Bett und hastete zum Bahnhof.

1. ___   2. ___   3. ___   4. ___   5. ___   6. ___   7. ___   8. ___

9. ___   10. ___   11. ___   12. ___   13. ___   14. ___   15. ___

4. Personenbeschreibung

Lies den Text noch einmal und suche die Wörter und Satzteile heraus, die Wilfried Kalk charakterisieren.

5. Aus einer anderen Perspektive

Schreib diese Geschichte aus der Perspektive eines Kollegen von Wilfried Kalk.

6. Und du?

Kennst du Menschen, die immer pünktlich sind? Kannst du deinen Klassenkameraden von einem dieser Leute berichten?

Dies und das

Zwei Gedichte aus dem Anfang des 20. Jahrhunderts
Lies diese Gedichte und achte dabei auf die Wörter, die sich reimen.

Der Lattenzaun[1]

Es war einmal ein Lattenzaun,
mit Zwischenraum, hindurchzuschaun.

Der Architekt, der dies sah,
stand eines Abends plötzlich da –
und nahm den Zwischenraum heraus
und baute draus ein großes Haus.

Der Zaun indessen stand ganz dumm,
mit Latten ohne was herum.
Ein Anblick grässlich[2] und gemein.
Drum zog ihn der Senat auch ein[3].

Der Architekt jedoch entfloh
nach Afri- od- Ameriko.

CHRISTIAN MORGENSTERN
(1871-1914)

Die Ameisen

In Hamburg lebten zwei Ameisen,
Die wollten nach Australien reisen.
Bei Altona auf der Chaussee[4],
da taten ihnen die Beine weh.
Und da verzichteten[5] sie weise
Dann auf den letzten Teil der Reise.

JOACHIM RINGELNATZ
(1883-1934)

---

1 picket fence　**2** horrible　**3** confiscated　**4** highway　**5** dispensed with

Wortschatz

Answer Key

Acknowledgments

Credits

Wortschatz

der **Aal, -e** *eel*
der **Aasgeruch** *smell of carcass*
abbrechen *to break off*
der **Abend, -e** *evening*
das **Abendessen** *supper*
abends *in the evening*
das **Abenteuer, -** *adventure*
die **Abenteuergeschichte, -n** *adventure story*
aber *but*
die **Abfahrt, -en** *departure time*
abgelöst *relieved; replaced*
abgespannt *exhausted*
s. **abheben** *to contrast with; to stand out*
abholen *to pick up*
ablösen *to replace*
abreißen *to tear down*
der **Absatz, ⸚e** *paragraph*
abschießen *to shoot off*
die **Absicht, -en** *intention*
absteigen *to make a stop*
abstellen *to put down*
abwerfen *to drop*
abwischen *to wipe off*
acht *eight*
achten auf *to pay attention to*
achtundachtzig *eighty-eight*
ade *goodbye*
die **Ader, -n** *vein*

das **Adjektiv, -e** *adjective*
ähnlich *similar*
Ahnung: keine Ahnung haben *to have no idea*
der **Alkohol** *alcohol*
all- *all*
allein *alone*
allerlei *all kinds*
allesamt *all of them*
alltäglich *daily; ordinary*
allzeit *always*
als *when; as*
alt *old*
das **Alter, -** *age*
älter *older*
am liebsten *most of all*
die **Ameise, -n** *ant*
der **Amerikaner, -** *American*
der **Anblick, -e** *sight*
ander- *other*
die **Anekdote, -n** *anecdote*
der **Anfang, ⸚e** *beginning*
anfangen *to begin*
angestrengt *attentively*
angestrichen *painted*
angezogen *dressed*
angloamerikanisch *Anglo-American*
die **Angst, ⸚e** *fear*
Angst bekommen *to get afraid*
die **Ankunftszeit, -en** *time of arrival*
anmerken: sich nichts anmerken lassen *to not let on*
Annahme: in der Annahme *under the assumption*

annehmen *to accept; to assume*
die **Anrede, -n** *address; opening*
anrufen *to call*
anschauen *to look at*
die **Anschrift, -en** *address*
die **Anstalt, -en** *institution*
anstatt *instead of*
anstoßen an *to knock against*
anstreichen *to paint*
antrocknen *to dry up*
die **Antwort, -en** *answer*
antworten *to answer*
die **Anzeige, -n** *ad*
der **Apfel, ⸚** *apple*
der **Apfelbaum, ⸚e** *apple tree*
der **Appetit** *appetite*
der **April, -e** *April*
die **Arbeit, -en** *work*
arbeiten *to work*
die **Arbeitsgruppe, -n** *work group*
der **Arbeitskollege, -n** *colleague*
der **Architekt, -en** *architect*
die **Architektur** *architecture*
arm *poor*
der **Arm, -e** *arm*
der **Ärmel, -** *sleeve*
ärmst- *poorest*
die **Art, -en** *kind*
der **Artikel, -** *item*
der **Arzt, ⸚e** *doctor*
aß: essen *to eat*
der **Ast, ⸚e** *branch*

Atem: den Atem anhalten *to hold one's breath*

atemlos *breathless*

auch *also*

Auf Wiederhören! *Goodbye! (on telephone)*

auffallen *to notice*

aufführen *to perform*

aufgeben *to give up*

aufgeweicht (pp) *soaked*

aufhängen *to hang up*

aufheben *to annul; to call off*

auflassen *to let stay on*

aufmachen *to open*

s. **aufmachen** *to set out*

aufpicken *to pick up*

aufrecht *upright*

aufregend *exciting*

aufreißen *to tear open; to open*

s. **aufrichten** *to straighten up*

aufschlagen: das Zelt aufschlagen *to pitch a tent; to set up camp*

aufschließen *to unlock*

aufstehen *to stand up*

aufsteigen *to take off; to become airborne*

aufstoßen *to burp*

auftauchen *to come up*

auftreten *to appear*

aufwachen *to wake up*

das **Auge, -n** *eye*

der **Augenarzt, ⁻e** *eye doctor*

der **Augenblick, -e** *moment*

aus sein *to be over*

ausbrechen *to break out*

s. **ausbreiten** *to spread out*

ausdrücklich *expressly; explicitly*

die **Ausfahrt, -en** *exit*

ausführlich *thorough*

ausfüllen *to fill in*

der **Ausgang, ⁻e** *exit*

ausgefallen *cancelled*

ausgehungert *starving*

ausgerechnet (er) *(he) of all people*

ausgerechnet: ausgerechnet mit ihm *with him of all people*

ausgewählt *selected*

der **Ausgleichssport** *recreational sport*

auslachen *to laugh at; to ridicule*

ausländisch *foreign*

der **Ausnahmefall, ⁻e** *emergency; exception*

die **Ausrede, -n** *excuse*

ausrichten *to tell; to inform*

das **Ausrufezeichen, -** *exclamation mark*

s. **ausruhen** *to rest*

ausschließlich *exclusively*

der **Ausschnitt, -e** *excerpt*

außerdem *in addition; unless*

der **Ausspruch, ⁻e** *pronouncement*

aussuchen *to choose*

der **Austauschdienst, -e** *exchange service*

(das) **Australien** *Australia*

austrinken *to empty, drink up*

auswendig kennen *to know by heart*

ausziehen *to take off*

die **Autobahn, -en** *highway; autobahn*

der **Autofahrer, -** *motorist; driver*

automatisch *automatic*

der **Autor, -en** *author*

der **Autoschlosser, -** *car mechanic*

die **Backe, -n** *cheek*

der **Backofen, ⁻** *oven*

der **Bademantel, ⁻** *robe*

baden gehen *to go swimming*

der **Badesee, -n** *lake suitable for swimming*

der **Bahnbeamte, -n** *railway official*

der **Bahnhof, ⁻e** *train station*

der **Bahnsteig, -e** *platform*

die **Bahnsteigkante, -n** *edge of the platform*

balancieren *to balance*

bald *soon*

die **Bank, -en** *bank; bench*

der **Bär, -en** *bear*

barock *baroque*

der **Baron, -e** *baron*

die **Baronin, -en** *baroness*

der **Bart, ⁻e** *beard*

Bau, Bauten *building*

bauen *to build*

der **Bauer, -n** *farmer*

der **Baum, ⁔e** *tree*
der **Baumstamm, ⁔e** *tree trunk*
das **Bauwerk, -e** *building*
bayrisch *Bavarian*
der **Bayrische Wald** *Bavarian Forest*
beachten *to pay attention to*
bearbeiten *to work on*
beauftragen *to ask; to commission*
bebend *trembling*
das **Becherlein** *small mug*
bedecken *to cover*
bedeckt *cloudy; covered*
bedeutend *important*
die **Bedeutung, -en** *meaning*
Bedeutung: ohne Bedeutung *meaningless*
bedienen *to wait on*
s. **beeilen** *to hurry*
die **Beere, -n** *berry*
s. **befassen mit** *to deal with*
s. **befinden** *to be*
befreien *to free*
begabt *talented; gifted*
begangen *carried out*
die **Begebenheit, -en** *event*
begegnen *to encounter; to meet*
begeistert *excited*
beginnen *to begin*
hegraben *to bury*
begreifen *to comprehend*
begründen *to found; to give a reason*
behalten *to keep*
behaupten *to claim*
behutsam *gently*

beide *both*
das **Bein, -e** *leg*
beinah *almost*
das **Beispiel, -e** *example*
Beispiel: zum Beispiel *for example*
bekannt *famous; known*
bekanntest- *best-known*
bekanntlich *as everybody knows*
bekommen *to get; to receive*
bekümmert *troubled*
belagern *to besiege*
beliebt *popular*
beleidigt sein *to be offended*
belügen *to deceive*
bemerken *to notice*
die **Bemühung, -en** *effort*
die **Benzinleitung, -en** *gas line*
bequem *comfortable*
bereits *already*
der **Berg, -e** *mountain*
berichten *to report*
der **Berufsverkehr** *rush-hour traffic*
berühmt *famous*
beschaffen *to get*
beschlossen *decided*
beschreiben *to describe*
der **Besitz** *property*
Besonderes: etwas Besonderes *something special*
besonders *especially*
besorgt *concerned*
besser *better*
best- *best*
bestätigen *to confirm*
bestehen auf *to insist upon*

bestehen aus *to consist of*
bestellen *to order; to reserve*
bestimmt *certain*
bestreichen *to spread*
bestürmen *to urge; to implore*
der **Besuch, -e** *visit*
besuchen *to visit*
der **Besucher, -** *visitor*
beteiligt sein (an) *to participate (in)*
beträchtlich *considerable*
betreten *to enter*
betreten sein *to be embarrassed*
betrunken *drunk*
das **Bett, -en** *bed*
das **Bettlein, -** *small bed*
beugen *to bend*
bewährt *well tried; tried and tested*
s. **bewerben** *to apply*
bewundern *to admire*
bezahlen *to pay*
bezaubernd *charming*
die **Biene, -n** *bee*
das **Bier, -e** *beer*
bieten *to offer*
das **Bild, -er** *picture*
billigst- *cheapest*
binden *to tie*
die **Biologie** *biology*
die **Biologieaufzeichnung, -en** *biology notes*
die **Birne, -n** *pear*
bis *until*
bissig *caustic; vicious*
bisschen: ein bisschen *a little*
bitte *please*

bitten *to ask; to beg*
bitter *bitter*
bitterkalt *bitter(ly) cold*
das **Blatt, ⁻er** *leaf; sheet*
blau *blue; drunk*
bleiben *to stay*
bleich *pale*
der **Bleistift, -e** *pencil*
der **Blick, -e** *look*
blitzesschnell =
    blitzschnell *as quick*
    as lightning
blöd *stupid; silly*
bloß *mere; just*
die **Blume, -n** *flower*
das **Blut** *blood*
bohren *to drill*
der **Bohrer, -** *drill*
die **Bombe, -n** *bomb*
das **Boot, -e** *boat*
böse *mean*
böse sein (auf) *to be mad*
    at s.o.
der **Botengang, ⁻e** *delivery*
boykottieren *to boycott*
braten *to fry*
brauchen *to need*
braun *brown*
brechen *to break*
breit *wide*
brennen *to burn*
der **Brief, -e** *letter*
die **Brille, -n** *eyeglasses*
das **Brot, -e** *bread*
das **Brötchen** *bread roll*
die **Brücke, -n** *bridge*
der **Brückenpfeiler, -** *bridge*
    support column
der **Bruder, ⁻** *brother*
brummen *to mumble*
der **Brunnen, -** *well*

das **Buch, ⁻er** *book*
die **Büchse, -n** *can*
die **Bühne, -n** *stage*
die **Bühnenpartnerin, -nen**
    stage partner (female)
der **Bumerang, -e** *boomerang*
das **Bundesland, ⁻er** *federal*
    state
bunt *colorful*
der **Bürger, -** *citizen*
die **Burgruine, -n** *fortress*
    ruin
das **Büro, -s** *office*
das **Butterbrot, -e** *slice of*
    bread with butter

der **Cartoon, -s** *cartoon*
die **Chance, -n** *chance*
der **Charakter, -e** *character*
charakterisieren *to*
    characterize
charakterisierend
    characterizing
der **Chef, -s** *head of the*
    company; supervisor
der **Chemiker, -** *chemist*
die **Christenverfolgung, -en**
    persecution of
    Christians
die **Couch, -s** *sofa; couch*

da *there*
das **Dach, ⁻er** *roof*
der **Dachboden, ⁻** *attic*

die **Dame, -n** *lady*
damit *so that*
dämmern: Es dämmert
    mir. *It dawns on me.*
danach *after that*
dann *then*
darauf: darauf stehen
    to be written on
daraufhin *after that*
daraus *from it*
darstellen *to*
    demonstrate; to portray
darunter *among*
dass *that*
dauern *to last*
die **Decke, -n** *blanket*
decken *to cover*
decken: den Tisch decken
    to set the table
dein *your*
denken *to think*
denn *because*
derart *so much; to such*
    an extent
desgleichen *likewise*
deshalb *therefore*
der **Detektiv, -e** *private*
    investigator
deutlich *clear(ly)*
deutsch *German*
Deutsch: auf Deutsch *in*
    German
der **Deutsche, -n** *German*
    citizen
der **Dialog, -e** *conversation*
der **Dichter, -** *poet*
dick *thick; big; fat*
der **Dieb, -e** *thief*
der **Diener, -** *servant*
Dienst: im Dienst *on duty*
der **Dienstschluss** *after work*

dies *this*

dies und das *this and that*

diktieren *to dictate*

der **Dimpfel, -** *someone who likes to drink beer*

das **Ding, -e** *thing*

dir *to/for you*

direkt *direct(ly)*

der **Direktor, -en** *director*

dokumentieren *to document*

das **Dorf, ¨er** *village*

dort *there*

dorthin *there (direction)*

dösen *to doze*

der **Draht, ¨e** *wire*

drang: dringen *to force one's way*

draußen *outside*

drehen *to turn*

drei *three*

dreißig *thirty*

dringend *urgent(ly)*

drinnen *inside*

droben *up there*

drucken *to print*

dumm *dumb*

die **Dummheit, -en** *stupidity*

dunkel *dark*

die **Dunkelheit** *darkness*

Dunkeln: im Dunkeln *in the dark*

dünn *thin*

dunstig *hazy; misty*

durch *through*

durchschneiden *to cut through*

dürfen *to be allowed*

durstig *thirsty*

das **Echo, -s** *echo*

echt *genuine*

die **Ecke, -n** *corner*

der **Edelstein, -e** *precious stone*

egal: Es ist ihr egal. *She doesn't care.*

eher *more*

die **Ehre, -n** *honor*

eigen *own*

eigenartig *strange*

eigentlich *actual(ly); real(ly)*

der **Eilbote, -n** *express messenger*

die **Eile** *hurry*

eilig: es eilig haben *to be in a hurry*

der **Eimer, -** *bucket*

einatmen *to inhale*

einfach *simple, simply*

einfangen *to catch*

der **Einfluss, ¨e** *influence*

eingeben *to enter*

eingeladen (pp) *invited*

eingeweiht sein *to be in on s.th.*

eingießen *to pour*

einig- *some*

einladen *to invite*

s. **einlassen auf** *to get involved in*

einmal *once*

einprägen *to imprint*

eins *one*

einschlafen *to fall asleep*

einseifen *to lather*

eintreffen *to arrive*

eintreten *to kick in*

der **Eintritt, -e** *entrance; admission*

einverstanden sein *to agree*

die **Einzelheit, -en** *detail*

einziehen *to confiscate*

das **Eisen** *iron*

die **Eiszeit, -en** *ice age*

der **Elefant, -en** *elephant*

elf *eleven*

die **Eltern** *parents*

das **Elternhaus, ¨er** *parents' house*

der **Empfangschef, -s** *head receptionist*

empfohlen *recommended*

das **Ende** *end*

endlich *finally*

die **Energie, -n** *energy*

England *England*

der **Engländer, -** *Englishman*

englisch *English*

entdecken *discover*

entfernt *remote; distant*

die **Entfernung, -en** *distance*

entfliehen *to escape*

s. **entschließen** *to make up one's mind*

entschlossen *determined*

der **Entschluss, ¨e** *resolution; decision*

entschuldigen *to excuse*

entsetzt *shocked; horrified*

entstehen *to come into being*

entweder ... oder *either ... or*

erfahren *to find out; experienced*

die **Erfahrung, -en** *experience*

erfinden *to invent*

der **Erfolg, -e** *success*

ergänzen *to complete*

s. **erheben** *to get up*

s. **erinnern** *to remember*

erkennen *to recognize*

erklären *to explain*

die **Erklärung, -en** *explanation*

s. **erkundigen** *to inquire*

erlauben *to permit*

erlaucht *noble*

erleben *to experience*

das **Erlebnis, -se** *experience; adventure*

erledigen: etwas erledigen *to take care of s.th.*

erlösen *to save*

erlöst sein *to be set free*

ermutigen *to encourage*

ernst *serious*

erreichen *to reach*

errichten *to build*

erscheinen *to seem; to appear*

erschrecken *to frighten*

erspart: Nichts bleibt mir erspart. *Everything happens to me.*

erst *not before; at first*

erst- *first*

erstaunt *flabbergasted; astonished; amazed*

erstens *first*

ertappen *to catch s.o. in the act*

erwachen *to wake up*

erwähnen *to mention*

erwarten *to expect*

erwidern *to reply*

erzählen *to tell*

die **Erzählung, -en** *story*

erzittern *to tremble*

der **Esel, -** *donkey*

der **Essay, -s** *essay*

der **Essayist, -en** *essayist*

essen *to eat*

das **Essen** *food*

das **Etui, -s** *glasses case*

etwaig *possible; any*

die **Eule, -n** *owl*

(das) **Europa** *Europe*

der **Expressbrief, -e** *express letter*

die **Fabel, -n** *fable*

der **Fahrplan, ̈e** *schedule*

das **Fahrrad, ̈er** *bicycle*

die **Fahrt, -en** *ride; drive*

der **Fall, Fälle** *case; fall*

die **Falle: eine Falle stellen** *to set a trap*

fallen *to fall*

fällen *to cut down*

fallen lassen *to drop*

falsch *false; wrong*

die **Familie, -n** *family*

fangen *to catch*

die **Farbe, -n** *paint*

das **Fass, ̈er** *barrel*

fast *almost*

faul *lazy*

der **Februar** *February*

die **Feder, -n** *feather*

fehlen *to be absent*

fehlend *missing*

der **Fehler, -** *mistake*

die **Feier, -n** *party*

feierlich *sacred; solemn*

die **Feile, -n** *file*

fein *fine*

feindlich *hostile*

feixen *to smirk*

das **Fell, -e** *fur*

das **Fenster, -** *window*

die **Ferne** *distance*

fertig sein *to be finished*

fertigbringen *to manage*

fest *firm*

feststellen *to find out; to determine*

fett *fat*

das **Feuer, -** *fire*

der **Feuerschein** *firelight*

die **Feuerzangenbowle, -n** *burnt punch*

das **Fieber** *fever*

fiel: fallen *to fall*

fiktiv *fictitious*

der **Filmproduzent, -en** *film producer*

die **Finanzen** (pl) *finances*

finden *to find*

der **Finger, -** *finger*

finster *dark*

der **Fisch, -e** *fish*

die **Flasche, -n** *bottle*

fleißig *diligent*

fliegen *to fly*

flog: fliegen *to fly*

der **Floh, ̈e** *flea*

floh: fliehen *to flee*

der **Flötist, -en** *flute player*

fluchen *to curse*

der **Flug, ⸚e** *flight*
der **Flughafen, ⸚** *airport*
das **Flugzeug, -e** *airplane*
die **Flur, -en** *open fields*
der **Fluss, ⸚e** *river*
das **Flussgespenst, -er** *river ghost*
flüstern *to whisper*
folgen *to follow*
die **Folge, -n** *consequence*
folgend- *following*
folgendermaßen *as follows*
folglich *therefore*
der **Förderer, -** *patron*
fördern *to promote*
fortfahren *to continue*
fortrennen *to run away*
fortsetzen *to continue*
das **Foto, -s** *photo*
fragen *to ask*
französisch *French*
die **Frau, -en** *woman; wife*
freilich *of course*
der **Freitagmorgen** *Friday morning*
fremd *foreign; strange*
fressen *to devour; to eat*
die **Freude** *joy*
s. **freuen (über)** *to be happy (about)*
der **Freund, -e** *friend*
die **Freundin, -nen** *girlfriend*
freundlich *friendly*
frieren *to freeze*
frisch gewaschen *freshly washed*
froh *happy*
der **Frosch, ⸚e** *frog*
die **Früh(e)** *early morning*
früher *earlier*

frühest- *earliest*
der **Frühling** *spring*
frühstücken *to have breakfast*
fühlen *to feel*
führen *to lead*
die **Führung, -en** *leadership*
füllen *to fill*
fünf *five*
fünfzehn *fifteen*
fünfzig *fifty*
der **Funk** *radio*
funktionieren *to function*
furchtbar *terrible*
s. **fürchten** *to be afraid of*
furchtsam *fearful*
der **Fuß, ⸚e** *foot*
das **Fußballspiel** *soccer game*
das **Futter, -** *lining; feed*

G

gähnen *to yawn*
der **Gang, ⸚e** *corridor*
Gang: in Gang bringen *to make run*
die **Gans, ⸚e** *goose*
ganz *complete(ly); whole*
gar nichts *nothing at all*
garantieren *to guarantee*
der **Garten, ⸚** *garden*
der **Gartenschlauch, ⸚e** *garden hose*
die **Gasse, -n** *alley*
der **Gast, ⸚e** *guest*
geben *to give*

gebeten (pp) *asked*
das **Gebiet, -e** *area; field*
geblendet (pp) *blinded*
geboren *born*
das **Gebüsch, -e** *bushes*
die **Geburtstagstorte, -n** *birthday cake*
der **Gedanke, -n** *thought*
die **Gedankenlosigkeit** *thoughtlessness*
gedeckt *covered*
das **Gedicht, -e** *poem*
die **Gefahr, -en** *danger*
gefährlich *dangerous*
gefallen *to be pleasing to*
der **Gefallen, -** *favor*
geflogen: fliegen *to fly*
gefragt sein *to be in demand*
gefunden (pp) *found*
die **Gegend, -en** *area*
der **Gegensatz, ⸚e** *opposite*
das **Gegenteil, -e** *opposite*
gegenüber *across (from)*
die **Gegenwartsliteratur** *contemporary literature*
das **Geheimnis, -se** *secret*
gehen *to go*
gehören zu *to belong to*
gehört (pp) *heard*
geht: Es geht nicht! *It is not possible.*
geht: Es geht nur dich an. *It concerns only you.*
geifernd *drooling*
der **Geist** *mind*
Geiste: im Geiste *in the spirit of*
die **Geisterstunde, -n** *witching hour*
geistig *intellectual*

geistreichst- *wittiest; most clever*

gekämpft *fought*

gekritzelt (pp) *scribbled*

gelandet (pp) *landed*

gelb *yellow*

das **Geld** *money*

gelegen (pp) *lying; located*

die **Gelegenheit, -en** *occasion; opportunity*

gelernt (pp) *learned*

gelockt *curly*

gelten *to be considered*

das **Gemälde, -** *painting*

die **Gemäldegalerie, -n** *art gallery for paintings*

gemein *mean*

das **Gemüse** *vegetables*

genannt (pp) *called*

genau *exact(ly)*

genossen (pp) *enjoyed*

genug *enough*

genügen *to suffice*

genügend *enough*

geöffnet (pp) *open*

das **Gepäck** *luggage*

das **Geräusch, -e** *noise*

gern (machen) *to like (to do)*

gern: etwas gern haben *to like s.th.*

der **Geruch, -̈e** *smell*

gesagt (pp) *said*

gesamt *all*

das **Geschäft, -e** *store; business*

geschäftig *busy*

geschehen *to happen*

die **Geschichte, -n** *history; story*

geschmolzen *melted*

geschnitten (pp) *cut; carved*

geschrieben (pp) *written*

die **Geschwindigkeit, -en** *speed*

das **gesetzliche Zahlungsmittel, -** *legal tender*

das **Gesicht, -er** *face*

der **Gesichtspunkt, -e** *point of view*

gespannt *curious*

das **Gespenst, -er** *ghost*

das **Gespräch, -e** *conversation*

die **Gestalt, -en** *shape*

die **Geste, -n** *gesture*

gestern *yesterday*

gestohlen (pp) *stolen*

gestreift *striped*

die **Gesundheit** *health*

gewaltig *enormous*

gewinnen *to win*

gewiss *certain*

Gewissen: auf dem Gewissen haben *to have on one's conscience*

Gewissen: ihm ins Gewissen reden *to appeal to his conscience*

das **Gewitter, -** *thunderstorm*

gewöhnlich *usually*

gewohnt *usual; familiar*

gewohnt sein *to be accustomed to*

das **Gewölbe, -** *vault*

gewusst *known*

geziert *affected*

gibt: es gibt *there is/are*

gießen *to water*

ging: gehen *to go*

das **Gitter, -** *bars*

das **Glas, -̈er** *glass*

der **Glaube** *faith*

glauben *to believe*

gleich *right*

gleichgültig *indifferent*

die **Glocke, -n** *bell*

das **Glück** *luck*

glücklich *happy*

das **Glühwürmchen, -** *firefly*

gnä' = gnädig *gracious*

das **Gold** *gold*

das **Goldstück, -e** *old coin*

der **Gott, -̈er** *god*

das **Grab, -̈er** *grave*

der **Gradmesser, -** *yardstick; measure*

das **Gras, -̈er** *grass*

grasgrün *bright green*

grässlich *horrible*

die **Grenze, -n** *border*

grindig *scabby*

das **Grinsen** *grinning*

groß *large, great; tall*

der **Große, -n** *the Great*

die **Großmutter, -̈** *grandmother*

die **Großstadt, -̈e** *big city; metropolis*

größtenteils *for the most part*

der **Großvater, -̈** *grandfather*

grün *green*

der **Grund, -̈** *bottom; reason*

der **Grundsatz, -̈e** *principle*

die **Gruppe, -n** *group*

der **Gruppenführer, -** *leader of a group*

Grüß Gott! *Hello!*

gucken *to look*

das **Gut, -̈er** *estate*

die **Güte** *goodness*

das **Haar, -e** *hair*
halb *half*
das **Halstuch, -̈er** *scarf*
halten *to stop; to keep*
halten: nichts halten von *not to think much of*
die **Hand, -̈e** *hand*
s. **handeln um** *it's a question of*
handelnd *acting*
der **Handgriff, -e** *grip; movement*
die **Handlung, -en** *action; plot*
hängen *to hang*
harmlos *harmless*
hart *hard*
der **Hase, -n** *rabbit*
der **Hasenfuß, -̈e** *coward*
die **Hasenfüßigkeit** *cowardice*
hässlich *ugly*
die **Hast** *haste*
hasten *to rush; to hurry*
hastig *hurried*
hauchen *to breathe; to whisper*
das **Haus, -̈er** *house*
die **Hausarbeit, -en** *homework*
das **Häuschen, -** *little house*
der **Hausmeister, -** *head janitor*
der **Hausschlüssel, -** *house key*
die **Hautfarbe, -n** *color of skin*
heben *to lift*

das **Heft, -e** *notebook*
der **Heftpflasterfabrikant, -en** *bandage manufacturer*
heimbringen *to bring home*
heimlich *in secret*
der **Helmweg, -e** *way home*
heiraten *to marry*
heiser *hoarse*
heißen *to be called*
heiter *sunny*
heizen *to heat up*
die **Heizung, -en** *radiator; heating*
der **Held, -en** *hero*
heldisch *heroic*
helfen *to help*
hell *light; bright*
das **Hemd, -en** *shirt*
heraufbringen *to bring up*
herausfinden *to find out*
herausholen *to bring out*
herauslecken *to lick up*
herausnehmen *to take out*
herausziehen *to pull out*
der **Herbst** *fall*
hereinkommen *to come in*
hereinlegen *to fool s. o.*
der **Herr, -en** *mister; master*
die **Herrlichkeit, -en** *splendor*
herschauen *to look in; to look at*
herstellen *to make*
herüberrudern *to row across*
herumgehen *to pass*
das **Herz, -en** *heart*
herzlich *warm, sincere*
heulen *to howl*

heute: noch heute *until today*
heutig- *today's*
die **Hexe, -n** *witch*
der **Hieb, -e** *blow; punch*
hier *here*
hilflos *helpless*
der **Himmel, -** *heaven*
Himmel: um Himmels willen *for heaven's sake*
himmelblau *sky blue*
himmlisch *heavenly*
hinauf *up*
hinaufgreifen *to reach up*
hinaufschieben *to push up*
hinauswerfen *to throw out*
Hinblick: im Hinblick auf *in view of*
hineinbeißen *to bite into*
hineinklemmen *to squeeze in*
hinlegen *to put down*
hinstellen *to put down*
hinter *behind*
hinter: hinter ihm her sein *to be after him*
der **Hintersinn** *hidden meaning*
hinüber *over (there)*
hinunterschicken *to send down*
hinuntertragen *to carry down*
die **Hitze** *heat*
hoch *high*
hochkrempeln *to roll up*
höchstpersönlich *in person*

(s.) **hocken** *to squat; to crouch*
der **Hof, ⁻e** *court*
hoffen *to hope*
hoffentlich *hopefully*
die **Höflichkeit** *politeness*
die **Höhle, -n** *cave*
holen *to pick up*
das **Holz** *wood*
die **Holzbrücke, -n** *wooden bridge*
der **Holzhacker,-** *woodcutter*
hören *to hear*
der **Hörer, -** *receiver*
das **Hörspiel, -e** *radio play*
die **Hose, -n** *pants*
die **Hosentasche, -n** *pant pocket*
hübsch *pretty*
der **Huf, -e** *hoof*
das **Hufeisen, -** *horseshoe*
der **Hühnerknochen, -** *chicken bone*
der **Humor** *humor*
der **Humorist, -en** *humor writer; humorist*
humorvoll *humorous*
der **Hund, -e** *dog*
der **Hunger** *hunger*
hungrig *hungry*
hupfen *to jump*
hüpfen *to jump*
die **Hyäne, -n** *hyena*

die **Idee, n** *idea*
ihn *him*

ihnen *them*
Ihr *your*
ihr *their*
der **Illustrator, -en** *illustrator*
immer *always*
immer wieder *time and again*
indessen *meanwhile*
die **Information, -en** *information*
die **Innenstadt, ⁻e** *downtown*
der **Insasse, -n** *inmate*
die **Insel, -n** *island*
das **Instrument, -e** *instrument*
intelligent *intelligent*
inzwischen *in the meantime*
irgendwie *somehow*
irgendwo *somewhere*
irgendwann *at some time; whenever*
isst: essen *to eat*
(das) **Italien** *Italy*

die **Jacke, -n** *jacket*
die **Jagd, -en** *hunt*
jäh *sudden, abrupt*
das **Jahr, -e** *year*
das **Jahrhundert, -e** *century*
jahrhundertelang *for centuries*
jawohl *yes*
jed- *every*
jedesmal *every time*

jemals *ever*
jemand *somebody*
jetzt *now*
die **Jugend** *youth*
jung *young*
der **Junge, -n** *boy*
jünger *younger*
der **Jüngling, -e** *young man*
jüngste *youngest*
der **Juni** *June*

der **Kabarettist, -en** *revue artist*
der **Kaffee** *coffee*
die **Kaffeemühle, -n** *coffee grinder*
der **Käfig, -e** *cage*
kahl *bald*
der **Kaiser, -** *emperor*
der **Kalendertag, -e** *calendar day*
kalt *cold*
kam: kommen *to come*
der **Kampf, ⁻e** *battle*
Kanada *Canada*
das **Kännchen** *little jug*
die **Kanone, -n** *cannon*
die **Kanonenkugel** *cannonball*
der **Kapitän, -e** *captain*
die **Karikatur, -en** *caricature*
der **Kasten, ⁻** *box*
der **Katheder, -** *lectern; teacher's desk*
katholisch *catholic*
die **Katze, -n** *cat*
kauen *to chew*

kaufen *to buy*
kaum *hardly*
kehrt machen *to turn around*
der **Keil, -e** *wedge*
kein *no; none; not any*
keineswegs *in no way*
kennen *to know*
kennen lernen *to get to know; to meet*
der **Kerl, -e** *guy*
die **Kette, -n** *chain*
keuchen *to pant*
das **Kichern** *giggling*
der **Kilometer, -** *kilometer*
der **Kindergarten, ¨** *kindergarten*
der **Kirchhof, ¨e** *churchyard*
die **Kirchweih** *parish fair*
das **Kissen, -** *pillow*
klagen *to moan*
klang: klingen *to sound*
klappern: Er klappert mit den Zähnen. *His teeth are chattering.*
klar *clear; obvious*
die **Klasse, -n** *class*
der **Klassenkamerad, -en** *classmate*
das **Klassenzimmer, -** *classroom*
das **Kleid, -er** *dress*
die **Kleidung** *clothes*
klein *small*
das **Kleinkind, -er** *small child*
klettern *to climb*
klingeln *to ring*
klirren *to jangle; to clash*
klopfen *to knock*
klug *clever*

knacken *to crack*
das **Knie, -** *knee*
der **Knochen, -** *bone*
der **Knopf, ¨e** *button*
knuspern *to nibble*
der **Koch, ¨e** *cook*
kochen *to cook*
der **Koffer, -** *suitcase*
der **Kofferraum, ¨e** *trunk*
kohlrabenschwarz *jet-black*
der **Kollege, -n** *colleague*
der **Komiker, -** *comedian*
komisch *funny*
kommen *to come*
komponieren *to compose*
der **Komponist, -en** *composer*
der **König, -e** *king*
königlich *royal*
das **Können** *ability*
konnte: können *to be able to*
konstruiert *constructed*
konzentriert *concentrated*
der **Kopf, ¨e** *head*
kopflos *headless; panic-stricken*
der **Korb, ¨e** *basket*
das **Korn** *grain*
korrigieren *to correct*
kosten *to cost*
krabbeln *to crawl*
die **Kraft, ¨e** *strength*
kräftig *strong*
die **Kralle, -n** *claw*
kramen *to rummage*
der **Krämer, -** *grocer*
krank *sick*
kriechen *to crawl*
der **Krieg, -e** *war*

kriegen *to receive*
der **Kriminalinspektor, -n** *detective inspector*
der **Kritiker, -** *critic*
kroch: kriechen *to crawl*
die **Krone, -n** *crown*
die **Küche, -n** *kitchen*
der **Kuchen, -** *cake*
die **Kugel, -n** *ball*
kühl *cool*
die **Kühnheit** *boldness*
die **Kultur, -en** *culture*
kümmerlich *miserable*
künftig *future*
die **Kunst, ¨e** *art*
der **Kunsterzieher, -** *art teacher*
der **Kunstschatz, ¨e** *art treasure*
der **Kurfürst, -en** *(prince) elector*
der **Kurs, -e** *course*
kurz *short; brief*
die **Kürze** *shortness; brevity*
kurzsichtig *nearsighted*
küssen *to kiss*
die **Küste, -n** *coast*
das **Kuvert, -s** *envelope*

lächeln *to smile*
das **Lachen** *laughter*
lachen *to laugh*
lag: liegen *to lie*
das **Lager, -** *camp*
Lager: auf Lager sein *to camp out*

der **Lagerüberfall, ⁻e** *attack on the camp*

das **Lamm, ⁻er** *lamb*

das **Land, ⁻er** *country; land*

landen *to land*

das **Landleben** *rural life*

die **Landschaft, -en** *landscape*

lang *(for) a long time; long*

die **Langeweile** *boredom*

länglich *long*

langsam *slow(ly)*

längst *long ago*

der **Lärm** *noise*

lassen *to let; to stop*

die **Latte, -n** *slat*

der **Lattenzaun, ⁻e** *picket fence*

Laufe: im Laufe der Jahre *over the years*

laufen *to run*

lauschen *to listen*

laut *loud*

laut vorlesen *to read in a loud voice*

lauten: es lautet *it reads*

läuten *to ring*

leben *to live*

das **Leben, -** *life*

Lebwohl = Lebewohl *farewell*

leer *empty*

die **Leere** *empty space*

legen *to lay*

legendär *legendary*

die **Legende, -n** *legend*

lehnen an *to lean against*

der **Lehrer, -** *teacher*

der **Lehrmeister, -** *master; teacher*

die **Leica, -s = Leitz-Camera®** *camera made by Leitz*

leicht *simple; easy*

der **Leichtsinn** *carelessness*

Leid: Es tut mir Leid. *I am sorry.*

Leid tun *to feel sorry*

leider *unfortunately*

die **Leine, -n** *rope*

lernen *to learn*

lesen *to read*

letzte *last*

leuchtend *shining*

die **Leute** (pl) *people*

das **Licht, -er** *light*

der **Lichtfleck, -en** *spot of light*

liebe *dear*

lieben *to love*

lieber wollen *to prefer*

das **Liebste** *favorite*

liegen *to be located; to lie*

liegen lassen *to leave*

ließ: lassen *to let; to allow*

die **Linde, -n** *lime tree*

linear *linear*

link- *left*

die **Lippe, -n** *lip*

literarisch *literary*

der **Literat, -en** *man of letters*

die **Literatur, -en** *literature*

loben *to praise*

das **Loch, ⁻er** *hole*

los: Etwas ist los. *Something is going on.*

losschicken *to send off*

die **Lücke, -n** *blank*

die **Lüge, -n** *lie*

lügen *to lie*

die **Lügengeschichte, -n** *fairy story*

Lust: keine Lust haben *not to feel like*

s. **lustig machen** *to make fun of*

lustiger *merrier*

machen *to do*

mächtig *mighty*

mahlen *to grind*

der **Mai** *May*

die **Majestät: Eure Majestät** *Your Majesty*

man *one, you* (in general)

mancher *many a one*

manchmal *sometimes*

der **Mann, ⁻er** *man*

das **Männchen, -** *little man*

das **Mannequin, -s** *model*

das **Männlein, -** *little man*

der **Mantel, ⁻** *coat*

das **Märchen, -** *fairy tale*

die **Mark, -** *mark* (former German monetary unit)

die **Maß, -** *liter of beer*

die **Mauer, -n** *wall*

das **Maul, ⁻er** *mouth; muzzle*

die **Maus, ⁻e** *mouse*

der **Mechaniker, -** *mechanic*

die **Medizin** *medicine*

mehrere *several*

meiden *to avoid*

die **Meile, -n** *mile*

mein *my*

meinen *to think*

meinetwegen *for all I care*

meins *mine*

die **Meinung, -en** *opinion*

meist- *most*

der **Meister, -** *master*

s. **melden** *to volunteer; to answer*

der **Mensch, -en** *human being*

der **Menschenkenner, -** *good judge of human character*

menschlich *human*

merken *to notice*

s. **merken** *to remember*

das **Merkmal, -e** *characteristics*

merkwürdig *strange*

der **Meter, -** *meter*

der **Meteorologe, -n** *meteorologist*

die **Milch** *milk*

der **Mimiker, -** *mime*

die **Minute, -n** *minute*

mir *me; to me*

s. **mischen** *to mingle*

die **Mischung, -en** *mixture; combination*

missverstehen *to misunderstand*

der **Mist** *manure; rubbish*

das **Mitglied, -er** *member*

der **Mitmensch, -en** *fellow man*

mitschleppen *to drag along*

der **Mittag, -e** *noon*

mittags *at noon*

mitteilen *to inform*

mittelalterlich *medieval*

mitten *in the middle*

Mitternacht *midnight*

mitverfolgen *to watch*

modern *modern*

möglich *possible*

die **Möglichkeit, -en** *possibility*

momentan *at the moment*

der **Monarch, -en** *monarch*

der **Monat, -e** *month*

der **Mond, -e** *moon*

die **Moral** *moral*

der **Motor, -en** *engine*

müde *tired*

die **Mühle, -n** *mill*

der **Müller, -** *miller*

München *Munich*

mündlich *oral*

mürrisch *grumpy*

die **Muschel, -n** *earpiece (of telephone); shell*

das **Museum, Museen** *museum*

die **Musik** *music*

müssen *must*

die **Mutter, ⸚** *mother*

die **Mütze, -n** *cap; hat*

nach *after*

nach Hause *home (direction)*

der **Nachbar, -n** *neighbor*

die **Nachbarstadt, ⸚e** *nearby town*

nachdachte: nachdenken *to think about*

nachdem *after*

nachgeben *to give in*

nachher *later; afterwards*

nachmittags *in the afternoon*

die **Nachricht, -en** *news*

nachschlafen *to catch up sleep*

nächst- *next*

die **Nacht, ⸚e** *night*

die **Nachtigall, -en** *nightingale*

nächtlich *at night*

der **Nachtportier, -s** *night porter*

das **Nagetier, -e** *rodent*

nahe *close*

Nähe: in der Nähe von *close to*

näher *closer*

s. **nähern** *to approach*

nämlich *namely*

nannte: nennen *to name*

der **Narr, -en** *fool; jester*

die **Narrheit** *foolishness*

närrisch *foolish*

Nase: an der Nase herumführen *to fool s. o.*

nass *wet*

natürlich *of course; for sure*

der **Nazi, -s** *Nazi*

neben *next*

nebenan *next door*

negativ *negativ*

nehmen *to take*

nervös *nervous*

der **Neuankömmling, -e** *newcomer*

neun *nine*

neunzig *ninety*

nicht mehr *no longer*

nichts *nothing*

nicken *to nod*
nie *never*
Niedersachsen *Lower Saxony*
niemals *never*
niemand *nobody*
nimmer *no longer*
nippen *to sip*
noch *still; yet*
nochmal = noch einmal *once again*
nochmals *once more*
Norddeutschland *northern part of Germany*
der Norden *north*
das Nordufer, - *north bank*
die Not, ¨e *misery*
nötig *necessary*
die Novelle, -n *novel*
nüchtern *sober*
nun *now*
nur *only*
die Nuss, ¨e *nut*
nützen *to be of use*
nützt: Es nützt nichts. *It doesn't help.*

ob *whether*
oben *on top*
obenhin *superficially; perfunctorily*
der Oberkörper, - *upper body*
obwohl *even though*
öd *dreary*
offensichtlich *obviously*
öffnen *to open*

die Öffnung, -en *opening*
oft *often*
öfters *several times*
ohne *without*
das Ohr, -en *ear*
das Öl, -e *oil*
die Oper, -n *opera*
das Opfer, - *victim*
ordentlich *tidy; orderly*
organisieren *to organize*
der Ort, -e *place*
die Ostsee *Baltic Sea*

das Paar, -e *pair*
paarmal: ein paarmal *a couple of times*
packen *to grab; to pack*
der Pädagoge, -n *teacher*
das Papier, -e *paper*
das Paradies *paradise*
das Parfüm, -s *perfume*
der Park, -s *park*
die Parklücke, -n *parking space*
der Parkplatz, ¨e *parking place*
die Parkuhr, -en *parking meter*
der Parodist, -en *parodist*
der Partner, - *partner*
der Passagier, -e *passenger*
passen *to fit*
passend *suitable*
passieren *to happen*
die Passkontrolle, -en *passport control*
pathetisch *pathetic*

pensioniert *retired*
die Perle, -n *pearl*
die Person, -en *person*
die Persönlichkeit, -en *personality*
die Perspektive, -n *perspective*
der Pestatem *foul breath*
der Pfadfinder, - *Boy Scout*
der Pfefferkuchen, - *gingerbread*
die Pfeife, -n *pipe*
der Pfennig, -e *unit of former German currency*
das Pferd, -e *horse*
der Pfifferling, -e *chanterelle (type of mushroom)*
die Pflaume, -n *plum*
der Pflaumenkuchen, - *plum cake*
die Pfote, -n *paw*
das Pfund, -e *pound*
die Phantasie, -n *fantasy*
phantastisch *fantastic; incredible*
der Philosoph, -en *philosopher*
die Philosophie *philosophy*
der Pilz, -e *mushroom*
die Pistole, -n *pistol*
planmäßig *according to schedule*
Plantsch! *Splash!*
der Plattenspieler, - *record player*
der Platz, ¨e *place; site; seat*
Platz: Platz nehmen *to sit down*
plötzlich *suddenly*
Polen *Poland*
die Politik *politics*

Wortschatz **129**

Wortschatz

der **Politiker, -** *politician*
politisch *political*
die **Polizei** *police*
populär *popular*
das **Porzellan** *china*
die **Porzellanmanufaktur, -en** *china factory*
positiv *positive*
das **Postamt, ̈er** *post office*
der **Postbeamte, -n** *postal clerk*
der **Postbote, -n** *mailman*
prächtig *magnificent*
das **Präsidium** *police headquarters*
der **Preis, -e** *price; prize*
pressen *to press; to squeeze*
Preußen *Prussia*
die **Prinzessin, -nen** *princess*
das **Problem, -e** *problem*
das **Publikum** *audience*
der **Pullover, -** *sweater*
pünktlich *on time*
die **Pünktlichkeit** *punctuality*
die **Putzfrau, -en** *cleaning lady*

das **Quaken** *croaking*
qualifizieren *to qualify*
das **Quartier, -e** *quarters; accommodation*

rächen *to take revenge*
das **Radio, -s** *radio*
der **Rand, ̈er** *edge*
rascheln *to rustle*
rasieren *to shave*
das **Rasiermesser, -** *razor*
der **Rasierschaum** *shaving foam*
rasseln *to rattle*
rasten *to rest*
der **Rat** *advice*
das **Rathaus, ̈er** *city hall*
ratlos *at a loss*
das **Rätsel, -** *riddle; puzzle*
der **Rauch** *smoke*
rauchen *to smoke*
die **Rauferei,- en** *scuffle*
raufschicken *to send up*
raus *out*
die **Rechnung, -en** *bill*
recht *true; real*
das **Recht: das Recht haben** *to have the right*
rechtzeitig *on time*
reden *to talk*
die **Regel, -n** *rule*
regelmäßig *regular(ly)*
der **Regen** *rain*
die **Regenzeit, -en** *rainy season*
regieren *to rule*
regnen *to rain*
der **Reichtum, ̈er** *wealth; riches*
die **Reihe, -n** *row*
Reihe: Die Reihe ist an ihm. *It is his turn.*

die **Reihenfolge, -n** *sequence*
s. **reimen** *to rhyme*
die **Reise, -n** *journey*
reisen *to travel*
der **Reisende, -n** *traveler*
reiten *to ride a horse*
der **Reiter, -** *rider*
reizend *charming*
rennen *to run*
renovieren *to restore*
reparieren *to repair*
der **Reservekanister, -** *spare gas can*
der **Rest, -e** *remainder*
der **Rettich, -e** *(white) radish*
die **Rezeption, -en** *reception*
richten an *to address to*
der **Richter, -** *judge*
richtig *proper; real; correct*
die **Richtung, -en** *direction*
rief: rufen *to call*
ringsum *all around*
der **Riss, -e** *crack*
der **Ritt, -e** *ride*
röcheln *to wheeze*
die **Rolle, -n** *role*
rollen *to roll*
das **Rollenspiel, -e** *role-play*
der **Roman, -e** *novel*
römisch *Roman*
die **Rose, -n** *rose*
rosten *to rust*
rot *red*
rötlich *reddish*
die **Route, -n** *route*
die **Rückkopplung** *feedback*
der **Rucksack, ̈e** *backpack*
die **Rückseite, -n** *backside*
der **Rückweg, -e** *way back*
das **Ruder, -** *oar*

der **Ruderer, -** *rower*
der **Ruderschlag, ⁻e** *oarstroke*
rufen *to call*
Ruhe: in aller Ruhe *very calmly*
ruhig *quiet*
rülpsen *to burp*
runterkommen *to come down*
runterrollen *to roll down*
russisch *Russian*
(das) **Russland** *Russia*

die **Sache, -n** *matter*
(das) **Sachsen** *Saxony*
der **Sack, ⁻e** *sack*
die **Sage, -n** *saga; legend*
sagen *to say*
sammeln *to gather; to collect*
der **Sänger, -** *singer*
die **Satire, -n** *satire*
der **Satz, ⁻e** *sentence*
saudumm daherreden *to talk nonsense*
die **Säule, -n** *column; pillar*
die **Schachtel, -n** *box*
schade sein *to be a shame*
das **Schaf, -e** *sheep*
s. **schälen aus** *to drag oneself out*
die **Schallplatte, -n** *record*
scharf *sharp; shrill*
der **Schatten, -** *shadow*
der **Schatz, ⁻e** *treasure; darling*

das **Schaufenster, -** *shop window*
der **Schaum** *foam*
das **Schauspiel, -e** *play; spectacle*
der **Schauspieler, -** *actor*
Scheibe: eine Scheibe abschneiden *to take as an example*
scheinen *to shine*
schellen *to ring (bell)*
der **Schelm, -e** *rogue; rascal*
scheu *shy*
die **Scheune, -n** *barn*
scheußlich *terrible*
schicken *to send*
schieben *to push*
die **Schiene, -n** *track*
schießen *to shoot*
das **Schiff, -e** *ship*
das **Schild, -er** *sign*
der **Schildbürger, -** *simpleton, person from Schilda*
schimpfen *to scold*
der **Schinken, -** *ham*
schlafen *to sleep*
schlagen *to nail; to beat*
schlank *slim; slender*
schlau *smart*
schlecht *bad*
schleichen *to sneak*
schließen *to close*
schließlich *finally*
Schlittschuh laufen *to ice-skate*
das **Schloss, ⁻er** *castle*
schloss: schließen *to shut*
schluchzen *to sob*
schlummern *to sleep*
schlüpfen *to slip*

schlurfen *to shuffle*
schlürfen *to slurp*
der **Schlüssel, -** *key*
das **Schmalz** *lard*
schmatzen *to eat noisily*
schmecken *to taste*
der **Schmied, -e** *blacksmith*
schmieden *to forge*
der **Schmuck** *jewelry*
der **Schmutz** *dirt*
der **Schnee** *snow*
schneebedeckt *snow covered*
schneiden *to cut*
schnell *quick; fast*
der **Schnupfen** *cold*
die **Schnur, ⁻e** *string*
schon *already*
schön *beautiful*
Schon gut! *It's alright!*
schonen *to preserve*
schräg *diagonal*
der **Schrank, ⁻e** *wardrobe*
der **Schraubenschlüssel, -** *wrench*
der **Schraubenzieher, -** *screwdriver*
schrecklich *terrible*
schreiben *to write*
der **Schreibtisch, -e** *desk*
schreien *to scream; to shout*
der **Schritt, -e** *step*
der **Schuh, -e** *shoe*
schuldbeladen *guilty*
schuldig sein *to owe; to be guilty*
der **Schüler, -** *student*
der **Schulfreund, -e** *friend from school*
der **Schulhof, ⁻e** *schoolyard*

der **Schüttelfrost** *the shivers*
schütteln *to shake*
der **Schwamm, ⁻e** *sponge*
der **Schwank, ⁻e** *story; anecdote*
schwanken *to sway*
schwarz *black*
der **Schwarzwald** *Black Forest*
schwedisch *Swedish*
schweigen *to be silent*
das **Schwein, -e** *pig*
schwenken *to wave*
schwer *difficult; heavy*
der **Schwiegersohn, ⁻e** *son-in-law*
schwimmen *to swim*
schwören *to swear; to take an oath*
der **Schwur, ⁻e** *oath*
sechs *six*
sechzehn *sixteen*
der **See, -n** *lake*
der **Seeadler, -** *sea eagle*
sehen *to see*
das **Seil, -e** *rope*
das **Seiltanzen** *tightrope walking*
sein *his, to be*
seit *since, for*
der **Seitenblick, -e** *sidelong glance*
der **Sekt** *champagne*
selbst *self*
selbstverständlich *of course*
selten *rare(ly)*
der **Senat, -e** *senate*
der **Sessel, -** *chair*
setzen *to put*
s. **setzen** *to sit down*
sicher *certain(ly); safe*

die **Sicherheit** *safety*
sichtbar *visible*
sie *she; it; they; them*
sieben *seven*
der **Siebenschläfer, -** *dormouse*
die **Sieben-Uhr-Vorstellung, -en** *seven o'clock show*
siebzehn *seventeen*
der **Silbertaler, -** *silver coin*
simulieren *to simulate*
singen *to sing*
der **Sinn** *sense*
die **Sinnlosigkeit** *senselessness*
das **Sinnvolle** *something meaningful*
die **Situation, -en** *situation*
der **Sitz, -e** *seat; headquarters*
sitzen *to sit*
so ... wie *as ... as*
sobald *as soon as*
sofort *immediately; at once*
sogar *even*
der **Sohn, ⁻e** *son*
solch *such*
der **Soldat, -en** *soldier*
sollen *should, to be supposed to*
der **Sommertag, -e** *summer day*
sondern *but*
die **Sonne, -n** *sun*
das **Sonnendach, ⁻er** *sunroof*
das **Sonnenlicht** *sunlight*
der **Sonnenschein** *sunshine*
die **Sonnenuhr, -en** *sundial*
der **Sonntag, -e** *Sunday*
sonst *otherwise; or else*
die **Sorge, -n** *worry*

Sorgen: s. Sorgen machen *to worry about*
s. **sorgen** *to care about*
die **Sorgfalt** *care*
sowie *as well as*
sowieso *in any case*
spannen *to stretch*
sparen *to save*
der **Spaß, ⁻e** *fun*
der **Spaßmacher, -** *prankster*
spät *late*
später *later*
der **Spaziergänger, -** *person out on a walk*
der **Spazierstock, ⁻e** *walking stick; cane*
der **Speck** *bacon*
spendieren *to treat s.o. to s.th.*
sperren *to lock*
der **Spezialist, -en** *specialist*
der **Spiegel, -** *mirror*
spielen *to play*
der **Spielkamerad, -en** *playmate*
der **Spion, -e** *spy*
spitz *pointed*
der **Spitzname, -n** *nickname*
die **Sprache, -en** *language*
sprachlos *speechless*
sprechen *to talk*
das **Sprichwort, ⁻er** *proverb*
springen *to jump*
spritzen *to hose down*
die **Spukgestalt, -en** *phantom*
der **Stachel, -n** *quill*
der **Stacheldraht, ⁻e** *barbed wire*
das **Stachelschwein, -e** *porcupine*

die **Stadt, ¨e** *town*

das **Städtchen, -** *small town*

der **Städter, -** *city dweller*

die **Stadtrundfahrt, -en** *city sightseeing tour*

die **Stadtseite, -n** *side of town*

das **Stadtzentrum, -zentren** *city center*

der **Stall, ¨e** *pigpen*

der **Stamm, ¨e** *trunk*

stammeln *to stammer*

stammen *to come from*

stand auf: aufstehen *to get up*

ständig *permanent(ly); constant(ly)*

stark *strong*

starren *to stare*

stecken *to stick; to put*

stecken bleiben *to get stuck*

stehen *to stand*

stehen bleiben *to stop; to stall*

steigen *to climb*

der **Stein, -e** *rock; stone*

steinalt *ancient*

das **Steinchen, -** *pebble*

die **Stelle, -n** *place; spot*

sterben *to die*

der **Stich, -e** *sting*

stieß: stoßen *to shove; to push*

der **Stift, -e** *pin; pen*

der **Stil, -e** *stem; style*

still *quiet*

die **Stimme, -n** *voice*

das **Stimmengewirr, -e** *din of voices*

stinken *to stink*

das **Stipendium, -ien** *grant; scholarship*

die **Stirne, -n** *forehead*

stochern *to poke*

der **Stock, ¨e** *floor*

stocken *to stop short*

stöhnen *to moan*

stolpern *to stumble; to trip*

stolz *proud*

stoßen *to push*

strahlend: strahlender Sonnenschein *bright sunshine*

die **Straße, -n** *street*

die **Strecke, -n** *route*

der **Streich, -e** *prank*

streichen *to put spread on*

der **Streik, -s** *strike*

der **Streit** *argument*

streng verboten *strictly forbidden*

streuen *to sprinkle*

der **Strom, ¨e** *stream; river*

strukturiert *structured*

der **Strumpf, ¨e** *stocking; sock*

das **Stück, -e** *piece*

der **Student, -en** *student*

studieren *to study*

das **Studium, -ien** *study*

der **Stuhl, ¨e** *chair*

der **Stumpfsinn** *mindlessness; nonsense*

die **Stunde, -n** *hour*

die **Stundenkilometer** (pl) *kilometers per hour (kph)*

stundenlang *for hours*

der **Sturz, ¨e** *fall*

stürzen *to fall; to plunge*

suchen *to look for; to seek*

die **Sucherei** *searching*

südlich *south*

die **Suppe, -n** *soup*

süß *sweet*

die **Szene, -n** *scene*

der **Tabak** *tobacco*

der **Tag, -e** *day*

das **Tageslicht** *daylight*

die **Tankstelle, -n** *gas station*

die **Tanzveranstaltung, -en** *dance*

die **Tasche, -n** *pocket; bag*

die **Tasse, -n** *cup*

tasten *to feel one's way*

tatsächlich *really; indeed*

tauchen *to submerge; to dip*

tauschen *to trade*

technisch *technical*

der **Tee, -s** *tea*

teilweise *partly*

das **Telefon, -e** *telephone*

die **Telefonzelle, -n** *telephone booth*

die **Telephonnummer, -n** *telephone number*

der **Teller, -** *plate*

das **Tellerlein, -** *little plate*

die **Terrasse, -n** *terrace*

teuer *expensive*

der **Text, -e** *text*

das **Thema, Themen** *subject*

tief *low; deep*

tief schlafen *to sleep soundly*

der **Tiefsinn** *reflectiveness*

das **Tier, -e** *animal*

die **Tinte, -n** *ink*

der **Tipp, -s** *hint; tip*

der **Tisch, -e** *table*

die **Tischlampe, -n** *table lamp*

das **Tischlein, -** *little table*

die **Tochter, ˙** *daughter*

der **Tod** *death*

tolerant *tolerant*

toll *great; terrific*

das **Tor, -e** *gate*

die **Torte, -n** *layer cake*

tot *dead*

töten *to kill*

totgeschossen *shot dead*

der **Tourist, -en** *tourist*

tragen *to carry; to wear*

trampeln *to trample*

die **Träne, -n** *tear*

trat: treten *to step*

der **Traum, ˙e** *dream*

träumen *to dream*

traurig *sad*

treffen *to hit; to meet*

der **Treibstoff** *fuel*

der **Treibstoffmangel** *fuel shortage*

das **Triefauge, -n** *bleary eye*

trinken *to drink*

s. **trocknen** *to dry oneself*

trotten *to trot*

trotzdem *nevertheless; in spite of that*

das **Tuch, ˙er** *cloth; scarf*

die **Tür, -en** *door*

die **Türklinke, -n** *door handle*

der **Turm, ˙e** *tower*

typisch *typical*

üben *to practice*

über *about; above; over*

über- und unterirdisch *above ground and underground*

überall *everywhere*

überfallen *to attack*

übergeben *to hand over*

überhaupt *actually; generally*

überlegen *to consider; to reflect*

s. **überlegen** *to think about*

überliefern *to transmit*

übernächst: der übernächste Tag *the day after tomorrow*

übernehmen *to adopt*

überrascht *surprised*

überreichen *to present s.th.*

überschlagen *to check*

die **Übersetzung, -en** *translation*

üblich: wie üblich *as usual*

übrigens *by the way*

die **Übung, -en** *exercise*

das **Ufer, -** *bank*

die **Uhr, -en** *watch; clock*

der **Uhu, -s** *eagle owl*

Um wie viel Uhr? *At what time?*

umarmen *to embrace*

umdrehen: den Hals umdrehen *to twist s.o.'s neck*

umgehend *right away*

umgekehrt *vice versa; opposite*

der **Umstand, ˙e** *circumstance*

umziehen *to move*

s. **umziehen** *to change*

unachtsam *careless*

unbändig *unrestrained*

unbedingt *absolutely*

unbestimmt *uncertain; vague*

ungeduldig *impatient*

ungeschickt *clumsy*

ungestört *undisturbed*

ungleichmäßig *irregular*

das **Unglück, -e** *misfortune*

unheimlich *weird*

das **Unheimliche** *the spooky*

die **Unpünktlichkeit,** *lack of punctuality*

unregelmäßig *irregular*

unrein *unclean*

die **Unruhe, -n** *unrest*

uns *us*

der **Unsinn** *nonsense*

unsterblich *immortal*

der **Unterricht** *lesson*

der **Unterschied, -e** *difference*

unterscheiden *to differentiate; to distinguish*

die **Untersuchung, -en** *investigation*

unterwegs *on the road*

unüberhörbar *loud and clear*

unüberlegt *ill-considered; rash*

unverletzt *unharmed*

unverschämt *impudent*

unvorsichtigerweise *carelessly*

unwiderruflich *irrevocably*

unwillig *indignantly*

die Urkunde, -n *certificate*

der Urlaub *vacation*

die Urlaubsvertretung, -en *vacation subsitute*

der Ursprung, ⸚e *origin*

die Varietéschule, -n *school for music-school entertainers*

der Vater, ⸚ *father*

s. verabreden *to make an appointment*

verachten *to scorn*

verändert *changed*

veranstalten *to organize*

der Verband, ⸚e *association*

die Verbeugung, -en *bow*

verboten *forbidden*

verbreiten *to spread*

verbrennen *to burn*

verbringen *to spend*

verdattert *flabbergasted*

die Verfolgung, -en *persecution*

Verfügung: zur Verfügung stehen *to be available*

vergangen *past*

vergaß: vergessen *to forget*

vergebens *in vain*

vergehen: Dir wird das Lachen vergehen. *You'll stop laughing.*

vergessen *to forget*

vergleichen *to compare*

s. vergnügen *to enjoy oneself*

vergnügt *happy*

vergraben *to bury*

s. verirren *to lose one's way*

der Verkauf, ⸚e *sale*

der Verkäufer, - *salesclerk*

der Verkehr *traffic*

verkündigen *to announce*

der Verlag, -e *publishing house*

verlangen *to ask for*

verlassen *to leave*

s. verlieben *to fall in love*

verlieren *to lose*

verließ: verlassen *to leave*

verlockend *enticing*

verordnen *to prescribe*

verpassen *to miss*

verpufft *fallen flat; evaporated*

verringern *to lower; to decrease*

verrückt *crazy*

verrückt: für verrückt halten *thought to be a little crazy*

der Vers, -e *verse*

die Versammlung, -en *meeting*

verschieden *different*

Verschiedenes *various things*

verschlafen *sleepy*

verschlingen *to devour*

verschlossen *locked*

s. verschlucken *to swallow the wrong way*

verschwinden *to disappear*

verschwommen *hazy*

das Verslein, - *short verse*

die Verspätung, -en *delay*

verspotten *to mock*

versprechen *to promise*

versprochen *promised*

verstecken *to hide*

verstehen *to understand*

verstopft *blocked*

der Versuch, -e *experiment*

versuchen *to try*

verteilen *to distribute*

vertieft: ins Gespräch vertieft *deep in conversation*

s. vertragen *to get along*

vertreiben *to expel*

verursachen *to cause; to create*

vervollständigen *to complete*

verwandeln *to change*

die Verwechslung, -en *mistake*

verwundert *surprised*

verwirren *to confuse*

verzaubern *to cast a spell on; to transform*

verzichten auf *to dispense with*

viele *many*

vielleicht *maybe*

vielmehr *rather*

viereckig *square*

vierzehn *fourteen*

das Viermannzelt, -e *four-person tent*

Wortschatz

das **Viertel, -** *quarter*
der **Vogel, ⁚** *bird*
das **Volk** *people*
　volkstümlich *popular; traditional*
　völlig *completely*
　volltanken *to fill up*
　vorbeikommen *to pass by*
das **Vorbild, -er** *model; example*
　vorkommen *to happen*
　vorlesen *to read aloud*
der **Vormittag, -e** *morning*
der **Vorrat, ⁚e** *supply*
　vorschlagen *to suggest*
　vorsetzen *to place in front*
　vorsichtig *cautious*
　vorspielen *to play*
　s. **vorstellen** *to introduce s.o.*
der **Vorteil, -e** *advantage*
der **Vortrag, ⁚e** *lecture*

die **Wache, -n** *watch*
　wachsen *to grow*
der **Wächter, -** *watchman; guard*
　wackeln *to wobble*
der **Wagen, -** *car*
　wählen *to choose; to select*
der **Wahlspruch, ⁚e** *motto*
　während *during*
die **Wahrheit** *truth*
　wahrscheinlich *probably*

der **Wald, ⁚er** *woods; forest*
das **Wäldchen, -** *small forest*
die **Wand, ⁚e** *wall*
die **Wange, -n** *cheek*
　wann *when*
　war: sein *to be*
　warf: werfen *to throw*
die **Wartehalle, -n** *departure lounge*
　warten *to wait*
　warum *why*
das **Wasser** *water*
　wechseln *to change*
　wecken *to wake up*
der **Wecker, -** *alarm clock*
das **Weckerklingeln** *ringing of alarm clock*
　weder ... noch *neither ... nor*
der **Weg, -e** *way; path; trail*
　wegfliegen *to fly away*
　weggeben *to give away*
　weglaufen *to run away*
　wegreiten *to ride off*
　wegstellen *to put away*
　wehtun *to hurt*
　weich *soft*
　weil *because*
die **Weile** *while; time*
der **Wein** *wine*
　weinen *to cry*
　weise *wise*
die **Weise** *manner*
　Weise: auf diese Weise *in this way*
　weiß *white*
　weiß: wissen *to know*
　weit *far; wide*
　weiter: und so weiter *and so on*
　weitergehen *to continue*

　weiterreiten *to continue riding*
　weitererzählen *to tell others*
　weitsichtig *farsighted*
　welch- *which*
die **Welt, -en** *world*
　weltbekannt *world famous*
　weltberühmt *world famous*
der **Weltkrieg, -e** *world war*
　weltweit *worldwide*
　wenig *a few; little*
　wenigstens *at least*
　wenn *if; whenever*
　wer *who; someone*
　werden *will; to become*
　werfen *to throw*
das **Werk, -e** *work*
der **Werktag, -e** *workday*
das **Wetter** *weather*
der **Wetterdienst, -e** *weather service*
die **Wetterfahne, -n** *weather vane*
　wichtig *important*
　widerlegen *to refute*
　wie *such as; like*
　wieder *again*
　wiedergeben *to tell; to repeat*
　wiederholen *to repeat*
　Wien *Vienna*
die **Wiese, -n** *meadow*
　wieso *why*
　willkommen *welcome*
der **Wimpelspeer, -** *banner*
der **Wind, -e** *wind*
die **Windmühle, -n** *windmill*
der **Winter** *winter*

der **Wintertag, -e** *winter day*
wirklich *really*
die **Wirklichkeit** *reality*
wirr *confused; chaotic*
die **Wirtschaft** *economy*
wissen *to know*
die **Wissenschaft, -en** *science*
der **Witz, -e** *joke*
witzig *funny*
woanders *somewhere else*
wobei *whereby*
die **Woche, -n** *week*
woher *from where*
Wohl bekomm's! *Cheers!*
wohnen *to live*
der **Wolf, "e** *wolf*
die **Wolle** *wool*
wollen *to want*
das **Wort, -e,** or **"er** *word*
das **Wortgemisch, -e** *jumble*
wörtlich nehmen *to take literally*
wortlos *without saying a word*
s. **wundern** *to be amazed; to be surprised*
wundervoll *wonderful*
das **Wunderwerk, -e** *miracle*
wünschen *to wish*
würdig sein *to be worthy*
die **Würze** *spice; flavor*

zackig *snappy*
zählen *to count*
der **Zahnarzt, "e** *dentist*
die **Zange, -n** *pliers*

zart *delicate*
der **Zecke, -n** *tick*
zehnmal *ten times*
zeigen *to show*
die **Zeile, -n** *line*
die **Zeit, -en** *time*
Zeit: zur selben Zeit *at the same time*
Zeit: zur Zeit *at this time*
der **Zeitpunkt, -e** *point in time*
die **Zeitung, -en** *newspaper*
der **Zeltplatz, "e** *campsite*
zerbrechen *to break*
zerfallen *to fall apart*
zerfetzt *torn*
zerfranst *frayed*
zerknittert *rumpled*
zerreißen *to tear*
das **Zettelchen, -** *small note; small slip of paper*
der **Zeuge, -n** *witness*
der **Ziegel, -** *brick*
ziehen *to pull*
ziemlich *rather*
die **Zigarette, -n** *cigarette*
das **Zimmer, -** *room*
zittern *to tremble*
der **Zoll** *customs*
zottig *hairy*
zu *to; too*
zu gleicher Zeit *at the same time*
zu zweit *in pairs*
der **Zucker** *sugar*
der **Zuckerguss, "e** *icing*
zuerst *first*
zufällig *by chance*
zufrieden *happy; content*
der **Zug, "e** *train*

zugleich *at the same time*
zugreifen *to grab; to help oneself to s.th.*
zuhalten auf *to head for*
Zürich *Zurich*
zurückgehen auf *to go back to s.th.*
zurückkehren *to return*
zurückkommen *to return*
zusammen *together*
zusammenbrechen *to collapse*
zusammenfassen *to compile*
zusammenschrecken *to freeze; to be frightened*
der **Zuschauer, -** *spectator*
zuschlagen *to slam shut*
zustellen *to deliver*
die **Zustellungsgebühr, -en** *delivery charge*
zutrauen: jemanden etwas zutrauen *to believe s.o. capable of*
zuvor *before*
zuvorkommen *to beat s.o. to it*
zwanzig *twenty*
der **Zweifel, -** *doubt*
zweit- *second*
der **Zweite Weltkrieg** *World War II*
zweitens *second(ly)*
zwischen *between*
der **Zwischenfall, "e** *incident*
der **Zwischenraum, "e** *space in between; gap*
Zwischenzeit: in der Zwischenzeit *in the meantime*
zwölf *twelve*

Answer Key

Kapitel 1

Vor dem Lesen: **Übung**

Answers will vary.

Beim Lesen: **Friedrich der Große und die Windmühle**

A. Sans Souci; in Potsdam, in der Nähe von Berlin

B. König von Preußen

C. Der Lärm war so laut; der König konnte nicht schlafen.

D. Er will die Mühle kaufen.

E. Sein Vater hat da gewohnt, er wohnt da und sein Sohn wird da wohnen.

F. Der Müller hat gesagt: „Ich fürchte mich nicht vor Eurer Majestät. In Berlin gibt es Richter!"

Friedrich der Große und Mendelssohn

G. Mendelssohn war ein berühmter Philosoph und ein guter Freund des Königs.

H. Es ist sieben Uhr, und Mendelssohn ist noch nicht da.

I. Mendelssohn ist ein Esel. Friedrich II.

J. Mendelssohn ist <u>ein</u> Esel, Friedrich [ist] <u>der zweite</u>.

Friedrich der Große und der Kaffee

K. Die Berliner sollen keinen Kaffee trinken, weil das Geld für den Kaffee in Preußen bleiben soll.

L. Die Berliner können Wasser, Bier, Milch oder Wein trinken.

M. Sie schauen ein Bild an. Es hängt hoch an der Mauer eines Hauses.

N. Der König hat eine Kaffeemühle zwischen den Beinen und mahlt Kaffee.

O. Sie freuen sich über den Humor des Königs. Sie zerreißen das Bild in kleine Stücke.

Nach dem Lesen: **Übungen**

❶ 1 Große   2 König   3 Schloss
    4 eingeladen   5 komponiert   6 vorgespielt

7 Fritz	8 Sorge	9 Mühle
10 Lärm	11 laut	12 schlafen
13 Müller	14 verkaufen	15 kostet
16 behalten	17 Vater	18 wohne
19 Sohn	20 aufgeben	21 Vergiss
22 Majestät	23 Richter	

❷ Possible Answers.
1. Ein berühmter Philosph.
2. Ein berühmter Komponist.
3. Er liebte die Philosophie.
4. Es ist spät, und Mendelssohn ist noch nicht da.
5. Einen Zettel.
6. Mendelssohn ist ein Esel und Friedrich II.
7. Mendelssohn ist <u>ein</u> Esel und Friedrich der <u>zweite</u>.

❸ 1. H   2. C   3. J   4. D   5. A
   6. I   7. E   8. B   9. F   10. G

❹ Answers will vary.

❺ Answers will vary.

❻ Answers will vary.

Beim Lesen: **Friedrich August I. (der Starke)**

P. Er war Kurfürst von Sachsen und König von Polen. Er lebte von 1670-1733.

Q. Der König von Polen starb, und August I. nahm den katholischen Glauben an.

R. Er förderte Architektur und Kunst. Er ließ barocke Bauwerke errichten, wie den Dresdner Zwinger, die Frauenkirche und Schloss Moritzburg. Er kaufte Gemälde und andere Kunstschätze.

S. Sein Pferd verliert ein Hufeisen.

T. Er reitet in ein Dorf und sucht einen Schmied.

U. Er nimmt jedes Hufeisen und zerbricht es. Er will nur das beste Eisen.

V. Als der Schmied das beste Eisen findet.

W. Der König gibt dem Schmied einen Silbertaler, und dieser bricht den Taler in zwei Stücke.

X. Der Schmied ist mit den Silbertalern nicht zufrieden. Der König gibt ihm ein Goldstück.

Nach dem Lesen: *Übungen*

❶ 1. e   2. g   3. f   4. b   5. a
   6. j   7. h   8. c   9. d   10. i

❷
1 reitet	2 Hufeisen	3 Schmied
4 Pferd	5 Eisen	6 Feuer
7 schmiedet	8 König	9 starken
10 zerbricht	11 stärkeres	12 beste
13 Huf	14 Sattel	15 Silbertaler
16 schlecht	17 bricht	18 Goldstück
19 Meister		

❸
Friedrich II.
1. 1712
2. Preußen
3. König
4. der Große, der Alte Fritz
5. Flötist
6. Sans Souci
7. französischer

Friedrich August I.
1. 1670
2. Dresden
3. Kurfürst von Sachsen
4. König von Polen
5. der Starke
6. kräftig
7. Moritzburg
8. Meissener Porzellanmanufaktur

❹ Friedrich: 2., 3., 5., 7.
August: 1., 4., 6., 8.

❺ Answers will vary.

Dies und das

❶ In order of appearance:
First poem: Mann, nass, kalt, grün, klein, Bett
Second poem: Männchen, raus

❷ Answers will vary.

Kapitel 2

Vor dem Lesen: *Übung*

Answers will vary.

Beim Lesen: **München und der Chaplin...**

A. Das Valentin Musäum; 199 bayrische Centerl

B. Sänger, Dichter, Schauspieler, Philosoph

C. Im Krieg hätte man Treibstoff sparen können, wenn...

D. Viele Leute vergleichen Valentin mit James Joyce.

Beim Lesen: **Bei Schaja**

E. herschauen; Er wohnt 15 Kilometer von München entfernt und kann nicht so weit schauen.

F. Weil er auch nicht „vielleicht" kommen kann.

G. Valentin hat die Worte „später kommen" wörtlich genommen.

H. „Sie" kann „they" und „you" (formal address) bedeuten.

I. sofort eine Kamera haben

J. wenn die Leicas da sind

K. weil er in Planegg wohnt, 15 km von München entfernt

L. Er hat mit den Wörtern gekämpft.

M. Er wäre als Engländer oder Amerikaner weltberühmt geworden.

Nach dem Lesen: *Übungen*

❷ 1. seh   2. wohne   3. Kilometer
   4. weit   5. kommen   6. bekommen
   7. garantieren   8. nötig   9. später
   10. Uhr   11. meine   12. Tage

❸ herschauen: er verwechselt „herschauen" mit „herkommen"
vielleicht: Er kann nicht „vielleicht" kommen, sondern nur „bestimmt".
später kommen: Er verwechselt „später an diesem Tag" mit „Tage später".

❹ Answers will vary.

Beim Lesen: **Wo ist meine Brille?**

N. Die Frau hat gesagt, dass die Brille gestern in der Küche gelegen ist.

O. irgendwo und woanders

P. Er soll sich merken, wo er sie hinlegt.

Q. Er kann ohne Brille nichts sehen.

R. Er glaubt, er muss dann 1000 Brillen haben, weil er seine Brille 1000-mal im Jahr verlegt. Das kostet 3000 Mark!

S. Er braucht eine weitsichtige und eine kurzsichtige Brille, damit er die verlegte Brille finden kann.

T. im Etui

U. 's kann sich auf die Brille beziehen oder auf das Etui.

V. auf seiner Stirne

Nach dem Lesen: **Übungen**

❷ 1. Brille   2. suchen   3. Spaß
   4. verleg   5. kaufen   6. Schaf
   7. brauchst   8. Stück   9. weitsichtige
   10. Etui   11. weiß   12. Stirne

❸ Answers will vary.

❹ Answers will vary.

Kapitel 3

Vor dem Lesen: **Übung**

1. d   **2.** e   **3.** a   **4.** c   **5.** b

Beim Lesen: **Der Eilbote**

A. Er rasiert sich.

B. Da ist ein Expressbrief für den Mann.

C. Er hat niemanden, den er hinunterschicken kann.

D. Die Post muss einen Eilboten schicken.

E. Seine Kinder oder seine Frau. Dann braucht das Postamt keinen Eilboten zu schicken.

F. Das Postamt schlägt vor, dass der Mann den Brief doch selbst abholt.

G. Er hat Urlaub und sammelt Pilze.

H. Vielleicht interessiert sich der Mann für Pilze.

I. Der ist auf der Kirchweih.

J. Der Alois Dimpfel. Er ist schon 88 Jahre alt.

K. eine Maß Bier

L. Er ging baden, lag in der Sonne und spielte mit seinen Kindern.

M. Es läutete an der Tür. Sie sah einen alten Mann.

N. Er soll sich ausruhen und etwas essen und trinken.

O. Suppe, Butterbrote mit Rettich, Schinken und Speck.

P. Das alte Männlein möchte eine zweite Maß Bier.

Q. Der Eilbote.

Nach dem Lesen: **Übungen**

❶ 1. b   2. a   3. b   4. c   5. b   6. c
  7. b   8. a   9. c   10. c   11. b   12. b

❷ **a.** 1. einen Expressbrief hat
   2. den Brief heraufschickt
   3. schon unterwegs ist
   4. schicken kann; 50 Pfennig Zustellungsgebühr
   5. heute Urlaub hat
   6. ist auf der Kirchweih
   7. ist schon 88 Jahre alt

   b. Sketches will vary.

❸ Answers will vary.

❹ 1. Possible answers: der Postbote ist schon unterwegs; der Eilbote kostet Geld; der Eilbote hat heute Urlaub; der zweite Eilbote ist auf der Kirchweih; der 88 Jahre alte Eilbote möchte bestimmt eine Maß Bier.
   2. Possible answers: er kommt heute nicht ins Dorf; er kann seine Frau oder seine Kinder nicht schicken.

❺ 1. Answers will vary.
   2. Answers will vary.
   3. Answers will vary.

Kapitel 4

Vor dem Lesen: **Übung**

❶ 1. b   2. f   3. d   4. h
  5. a   6. e   7. c   8. g

Beim Lesen: **Die Schildbürger – Der Streich vom Rathausbau**

A. intelligente Leute, die dann ihr Leben als Narren führten

B. Sie wollten ein neues Rathaus bauen.

C. Ein Bürger stolpert, und er und ein Baumstamm rollen den Berg hinunter.

D. Sie haben gesehen, wie leicht ein Baumstamm den Berg hinunterrollen kann.

E. Es ist dunkel im Rathaus.

F. Sollen sie das Rathaus wieder abreißen?

G. Sie fangen mit Eimern, Körben und Säcken das Sonnenlicht ein und tragen es ins Rathaus.

H. Die Regenzeit beginnt.

I. Endlich merken sie, dass Fenster fehlen!

Beim Lesen: **Münchhausen – Münchhausen in Russland**

J. Er hat im 18. Jahrhundert auf seinem Gut in Niedersachsen gewohnt.

K. Er bindet sein Pferd an einen spitzen Ast, der aus dem Schnee steckt.

L. Er liegt auf einem Kirchhof mitten in einem Dorf.

M. Er schießt mit seiner Pistole auf die Leine, mit der er das Pferd angebunden hat.

Beim Lesen: **Der Ritt auf der Kanonenkugel**

N. Er reitet auf einer Kanonenkugel. Er will wissen, wie die Situation in der Stadt ist.

O. Er möchte zurück ins eigene Lager und in Sicherheit.

Beim Lesen: **Till Eulenspiegel**

P. Er war ein Spaßmacher. Man sagt, dass er im 14. Jahrhundert in der Gegend von Braunschweig gelebt hat.

Q. Er übte seine Kunst heimlich zu Hause auf dem Dachboden.

R. Er spannte es vom Haus seiner Mutter zu einem Haus auf der anderen Seite des Flusses.

S. Seine Mutter durchschnitt das Seil.

T. Die Zuschauer lachten und verspotteten ihn.

U. den linken Schuh

V. Till hat die Schuhe auf die Straße geworfen, und die Zuschauer konnten ihre Schuhe nicht so leicht finden.

Nach dem Lesen: **Übungen**

❶
1. M	2. T	3. S	4. S	5. T
6. M	7. M	8. T	9. T	10. S
11. S	12. M	13. T	14. S	15. M

❷
1. C	2. H	3. E	4. A
5. B	6. D	7. F	8. G

❸
1 reiste	2 Russland	3 Quartier
4 Schnee	5 Baron	6 Ast
7 Mäntel	8 erstaunt	9 Dorf
10 Pferd	11 Kirchturm	12 Pistole
13 Leine	14 unverletzt	

❹ Answers will vary.

❺ Answers will vary.

❻ Answers will vary.

Kapitel 5

Vor dem Lesen: **Übung**

❶
1. g	2. f	3. c	4. a
5. b	6. h	7. e	8. d

Beim Lesen: **Hänsel und Gretel**

A. Die Eltern waren arm. Sie hatten oft nichts zu essen.

B. Hänsel konnte nicht schlafen. Er hörte, was die Eltern mit den Kindern vorhatten.

C. Die Haustür war verschlossen, und Hänsel konnte keine Steinchen sammeln.

D. Die Vögel hatten die Brotkrümel aufgepickt.

E. Sie kamen an ein kleines Häuschen. Es war aus Brot, und das Dach war mit süßem Kuchen gedeckt.

F. Knusper, knusper, Knäuschen, wer knuspert an meinem Häuschen?

G. Der Wind, der Wind, das himmlische Kind!

H. Eine hässliche, steinalte Frau kam aus dem Haus.

I. Die Alte sagte freundlich: „Ich tue euch nichts."

J. Sie sperrte ihn in einen kleinen Stall. Er musste essen, damit er fett wird.

K. Er steckte einen dünnen Hühnerknochen durchs Gitter.

L. Die Hexe heizte den Backofen, um Hänsel zu braten.

M. Gretel wusste nicht, wie man sieht, ob das Feuer im Ofen brennt.

N. Sie stieß die Hexe in den Ofen und schlug die Tür zu.

O. Sie sangen und tanzten und füllten ihre Taschen mit Gold und Edelsteinen.

P. Die Not war zu Ende. Sie konnten so viel essen, wie sie wollten, und sie lebten glücklich zusammen.

Beim Lesen: **Der Froschkönig**

A. Ihre goldene Kugel war in den Brunnen gefallen.

B. Ihre Kleider, ihre Perlen und Edelsteine und noch die goldene Krone.

C. Er möchte an ihrem Tischlein sitzen, von ihrem goldenen Tellerlein essen, aus dem Becherlein trinken und in ihrem Bettlein schlafen.

D. Ja, sie verspricht ihm alles.

E. Der Frosch war jetzt nicht mehr wichtig.

F. Der Frosch. Er sagte: „Königstochter, jüngste, mach mir auf!"

G. Sie erzählte ihm, was der Frosch für sie getan hat.

H. Was du versprochen hast, musst du auch halten!

I. Er setzte sich neben die Königstochter.

J. Er ist müde und möchte schlafen.

K. Sie will den Frosch nicht in ihr Kämmerlein tragen. Aber der König sagte: „Der Frosch hat dir geholfen, als du in Not warst. Du darfst ihn jetzt nicht verachten."

L. Er möchte so schlafen, wie die Königstochter.

M. Sie warf ihn an die Wand.

N. Der Frosch war kein Frosch mehr, sondern ein Königssohn.

O. Der Königssohn heiratete die Königstochter.

Nach dem Lesen: **Übungen**

❶
1 arm	2 essen	3 hungrig	4 Eltern
5 Kinder	6 Wald	7 Steinchen	8 Weg
9 Brot	10 Vögel	11 Häuschen	12 Dach
13 Kuchen	14 Hexe	15 Stall	16 fett
17 Knochen	18 Backofen	19 weinte	20 Feuer
21 Ofen	22 Kopf	23 stieß	24 Tür

❷ 1. Answers will vary.
2. Answers will vary.
3. Answers will vary.

❸
1. D	2. I	3. F	4. M	5. B
6. L	7. A	8. N	9. E	10. O
11. K	12. G	13. C	14. J	15. H

❹ 1. Possible answers: Sie ist nicht nett / sie lügt.
2. Er möchte ihr Freund sein.
3. Was du versprochen hast, musst du auch halten (und wirst dafür belohnt).

❺ 1. Answers will vary.
2. Answers will vary.

Dies und das

Still waters run deep.
Hunger is the best seasoning.
No news is good news.
Where there's smoke, there's fire.
Let sleeping dogs lie.
Practice makes perfect. / Everybody has to learn.
Like father like son. / A chip of the old block.
Where there's a will there's a way.
Life isn't always a picnic.
Politeness costs nothing.
Use it or loose it.

Kapitel 6

Vor dem Lesen: **Übung**

Answers will vary.

Beim Lesen: **Emil**

A. Der Name Emil ist überall zu sehen.

B. Die Tochter sagt, ihr müsst Emil einmal kennen lernen.

C. Der Vater glaubt, Emil will seine Tochter heiraten.

D. Seine Tochter sagt, Emil gefällt ihr, sie muss Emil haben.

E. Er hat seine Tochter gefragt, ob sie ernste Absichten hat.

F. Einen jungen Mann mit einem Auto.

G. Sie hat gefragt, ob sie Emil haben kann. Sie ist alt genug.

H. Entweder heiraten Sie meine Tochter, oder weg mit Ihnen!

I. Meine Tochter hat mir schon viel von Ihnen berichtet. – Dann sind Sie also informiert!

J. Der junge Mann heißt Thomas; das Auto heißt Emil!

K. Thomas geht auf zwei Jahre zum Studium nach Kanada.

Nach dem Lesen: **Übungen**

❶ 1 kennen   2 meinst   3 heiraten   4 komisch
   5 verrückt   6 haben   7 uns   8 gefällt
   9 Absichten 10 Vertragt 11 Emil   12 Thomas
  13 denke   14 Straße   15 Angst   16 Wagen
  17 Jahre   18 Studium 19 zurückkommt

❷ No answer required.

❸ Answers will vary.

Beim Lesen: **Die Wand**

A. Er wollte ein Bild aufhängen.

B. Ein großes Stück fiel aus der Wand.

C. Er hat gelacht. Jetzt fiel noch ein Stück aus der Wand.

D. Die halbe Wand brach zusammen.

E. Sie lacht noch lauter und trat den Rest der Wand mit den Füßen ein.

F. Sie brauchen kein Bild mehr. – Alle hatten einen Schnupfen.

Nach dem Lesen: **Übungen**

❶ 1. F   2. C   3. D   4. B   5. H
  6. N   7. L   8. A   9. K   10. I
 11. E   12. J 13. G 14. M

❷ Answers will vary.

Beim Lesen: **Die Geschichte vom grünen Fahrrad**

A. Es streicht sein Fahrrad grün an.

B. Du musst das Rad rot anstreichen.

C. Warum streichst du es nicht blau an?

D. Blau? Gelb ist viel lustiger!

E. Nimm himmelblaue Farbe, das finde ich schön.

F. Rot musst du nehmen. Rot!

G. Sie lacht. Sie streicht das Fahrrad grün an, grasgrün. Und es ist ihr egal, was die anderen sagen.

Nach dem Lesen: **Übungen**

❶ 1. anstreichen   2. Farbe   3. Bruder

    4. rot   5. streicht   6. Fahrräder
    7. blau   8. Streich   9. lustiger
 10. scheußliche 11. himmelblaue 12. blöde
 13. nehmen   14. Mädchen   15. egal
 16. andern

❷ Possible answer: Man soll nicht immer auf andere hören. / Man kann es nicht allen recht machen.

Kapitel 7

Vor dem Lesen: **Übung**

Answers may vary:
Worum handelt es sich: Ein Mann fürchtet, dass etwas passieren könnte, bevor er zu seiner Liebsten kommt.
Hauptgedanke: Sehnsucht nach ihr.
Überschrift: Possible Answer: Zu ihr
              Right Answer: Heimkehr
              (the title of the poem)

Beim Lesen: **Der Stift**

A. Sie besteht aus zwei Teilen; ein Stift hält sie zusammen.

B. Er hatte einen Teil der Klinke in der Hand.

C. Die Jungen hoffen, dass sie keinen Unterricht haben werden.

D. Er lässt sich nicht auf kriminaltechnische Untersuchungen ein.

E. Er sagt, er muss raus.

F. Der Klostermann sagt, er hat Pflaumenkuchen gegessen.

G. Ihre Schlüssel, um die Tür zu öffnen.

H. Der Lehrer sieht, dass der Klostermann feixt.

I. Es schellt. Die Schule ist aus, und der Professor bleibt auf seinem Katheder.

J. Sie möchten nach Hause gehen.

K. Nein. Hausaufgaben werden zu Hause gemacht.

L. Schlafen in den Bänken geht nur, wenn es verboten ist.

M. Der Lehrer korrigiert Hefte; die Schüler dösen.

N. Die Putzfrauen kamen und öffneten die Tür. Klostermann bekam Klassenhiebe.

Nach dem Lesen: **Übungen**

❶ 1. d 2. h 3. f 4. c 5. i
6. b 7. j 8. g 9. e 10. a
11. n 12. s 13. p 14. t 15. l
16. r 17. q 18. o 19. k 20. m

❷ Answers will vary.

Beim Lesen: **Gewusst wo**

A. Sein Auto ist stehen geblieben.

B. Er entschließt sich, einen Autoschlosser zu holen.

C. Die Benzinleitung ist verstopft.

D. Der Autoschlosser hat nur ein paar Handgriffe gemacht.

E. Das bisschen Arbeit kostet auch nur fünf Mark, aber gewusst wo, das macht zehn Mark.

Nach dem Lesen: **Übungen**

❶ 1 Reisender 2 unterwegs
3 bleibt 4 schimpft
5 Jacke 6 Ärmel
7 Motor 8 Bemühungen
9 Hände 10 Schmutz
11 Autoschlosser 12 herausgefunden
13 verstopft 14 Handgriffe
15 läuft 16 schuldig
17 Geld 18 gewusst

❷ 1. g 2. f 3. a 4. c
5. b 6. d 7. e 8. h

❸ Answers will vary.

Dies und das

❶ 1. d 2. c 3. a 4. f 5. b 6. e

❷ You can't buy happiness.
What you write down you can remember better.
You learn from your mistakes.
Ask and you shall know.
Dreams are fleeting.
An eye for an eye.
A good example is the best teacher.
Short and sweet.
Bad things come in threes.

Kapitel 8

Vor dem Lesen: **Übung**

Answers will vary.

Beim Lesen: **Die Prinzessin**

A. zerfranst, gestreift, hat Triefaugen

B. Ich bin nämlich verzaubert.

C. Jemand müsste sie einladen.

D. Er überschlägt im Geiste, was er zu Hause hat, und er lädt sie zum Kaffee ein.

E. Er kocht Kaffee und hat Cornedbeef für sie und Rosen aus dem Garten.

F. Brötchen, Cornedbeef, Kaffee

G. Sie antwortet: „Sehr." Sie rülpst.

H. Sie hat den Mann belogen.

I. Nein. Er hat längst gewusst, dass sie keine Prinzessin ist.

Nach dem Lesen: **Übungen**

❶ 1. E 2. C 3. G 4. J 5. A
6. O 7. N 8. K 9. M 10. B
11. L 12. D 13. I 14. F 15. H

❷ No answer required.

Beim Lesen: **Der falsche Mann**

A. Inspektor Gebhard

B. Er ist inkognito hier.

C. Er muss umgehend das Präsidium anrufen.

D. Ein Mann, der ständig seinen Namen wechselt.

E. Karnietzky hat sein erstes Opfer gefunden.

F. der Direktor, der Nachtportier, der Hausdetektiv und die Baronin

G. Man hat der Baronin heute Nacht den gesamten Schmuck gestohlen.

H. Sie soll ihren Schmuck in das Hotelsafe tun.

I. Es war nicht besonders klug, den Schmuck hinter der Heizung zu verstecken.

J. Er ruft die Polizei an und fragt, ob es einen Inspektor Gebhard gibt. Er glaubt, dass der Inspektor den Schmuck gestohlen hat.

K. Er weiß jetzt, dass es gar keinen Inspektor Gebhard gibt.

Nach dem Lesen: **Übungen**

❶ 1. Empfangschef 2 Turm 3 Inspektor
4 Uhr 5 Rezeption 6 inkognito
7 Namen 8 Zimmer 9 Präsidium

10 jemandem   11 bekommen   12 reist
13 wechselnden   14 klopft   15 Bademantel
16 Opfer   17 Büro   18 Baronin
19 Schmuck   20 verlässt   21 schicken
22 Leute   23 behauptet

❷ 1. Er hat vorher angerufen und nach einem
Inspektor Gebhard gefragt. Er sagt, er ist
inkognito hier und hat ein Zimmer auf den
Namen Baumann bestellt. Er soll das Präsidium
anrufen. Er sagt, er ist hinter Karnietzky her.

   2. „Es war wohl nicht besonders klug, gnä' Frau,
den Schmuck hinter der Heizung zu verstecken."

❸ No answer required.

Dies und das

No answer required.

Kapitel 9

Vor dem Lesen: **Übung**

❶ 1. Katzen schlafen überall.

❷ Es werden viele Plätze genannt, wo Katzen
schlafen: Tisch, Stuhl, Fensterbank, Ecken,
Schubladen, usw.

❸ Answers will vary.

Beim Lesen: **Der Brief**

A. Auf einen Brief. Sie hätte ihn sofort genommen und
ihn wahrscheinlich aufgerissen.

B. Sie wollte die Biologieaufzeichnungen haben, weil
sie gefehlt hatte.

C. Sie wundert sich über Martinas Eile.

D. Sie wusste nichts von dem Brief und von Martinas
Sommertagen am Tollensesee.

E. Das Kuvert ist aus feinem, weißem Papier, für sie
ausgewählt.

F. Der Brief ist aufgerissen, unachtsam geöffnet.

G. Sie glaubt, dass ihre Mutter den Brief geöffnet hat.

H. Jemand hat den Brief auch gelesen.

I. Sie weiß nun, dass ihre Mutter den Brief geöffnet
und gelesen hat.

J. Niemand hat das Recht, einen Brief zu öffnen und
zu lesen, der an einen anderen gerichtet ist.

K. Sie will wissen, ob Martina krank ist und was sie
hat.

L. Sie sagt, sie war ganz in Gedanken und hat die
Anschrift nicht beachtet.

M. Sie möchte wissen, ob die Mutter den Brief gelesen
hat.

N. Die Mutter wollte eine Tasse Kaffee trinken, eine
Zigarette rauchen. Martina lag auf der Couch und
presste ihr Gesicht in ein Kissen.

O. Es brannte Licht. Hefte und Bücher lagen auf dem
Tisch, Martina arbeitete also.

P. Weil Martina nichts isst und trinkt.

Q. Wenn Mädchen ihren ersten Freund haben.

R. Sie möchte sich entschuldigen. Sie sagt, sie hätte
den Brief nicht lesen dürfen.

S. Sie sagt, sie hat Jörgs Namen gesehen, sie war
besorgt.

T. Nein. Das waren andere Zeiten. Da schrieb man
solche Briefe nicht.

U. Von den Sommertagen am Tollensesee.

V. Sie können sich schreiben, jeden Monat einmal,
zweimal vielleicht.

Nach dem Lesen: **Übungen**

❶ 1. b   2. c   3. a   4. c   5. b   6. a
   7. b   8. c   9. b   10. a   11. b   12. b

❷ 1. gewartet hat   2. ausgesucht   3. geöffnet
   4. gelesen   5. lesen   6. haben
   7. gerichtet   8. lesen   9. schreiben
   10. treffen   11. schreiben   12. gewartet

❸ 1. Answers will vary.
   2. Answers will vary.

❹ 1. Possible answer: Niemand hat das Recht dazu.

   2. Wenn jemand in Lebensgefahr ist, und der Brief
helfen könnte, ein Leben zu retten. Es wäre
aber besser, in einem solchen Fall den
Entschluss eines Richters einzuholen.

Dies und das

No answers required.

Kapitel 10

Vor dem Lesen: **Übung**

Wichtige Information: Arme Familie; sie hatten nicht
genug zu essen; Eltern wollen die Kinder in den Wald

führen und dort lassen; Hänsel hört das und streut heimlich Steinchen auf den Weg.

Beim Lesen: **Wer ist Bill Barton?**

A. Sie ist diese Route vor zwei Wochen gefahren. Die Straßen waren leer und die Stadt so schön.

B. Sie fährt jetzt im Berufsverkehr durch die Stadt.

C. Sie tut ihrer Freundin Brigitte einen Gefallen; sie holt den Freund von Brigittes Bruder am Flughafen ab.

D. Sie holt einen jungen Mann ab; er ist ein Meter 90 groß, schlank und hat schwarz gelockte Haare. Er hat einen großen, roten Rucksack.

E. Nein. Es dauert immer eine Weile, bis die Reisenden durch die Passkontrolle und den Zoll kommen.

F. Sie sieht überall Leute. Sie lachen, weinen und umarmen sich.

G. Ich bin die Ute, eine Freundin von Brigitte...

H. Das tolle Auto und wie schnell es fährt.

I. In Amerika dürfen wir nicht schneller als 75 Meilen fahren.

J. Der Markus fährt immer schneller, aber der Vater hat das gar nicht gern.

K. Der Markus kommt heute Abend zurück; er war in Italien.

L. Bill weiß nicht, wer Markus ist.

M. Ist er Bill Barton? Hat er ein DAAD Stipendium? Studiert er Medizin? Kommt er aus Chicago?

N. Der junge Mann ist nicht Bill Barton!

O. Er hatte eine etwas ältere Dame erwartet.

P. Ich heiße Ute Hofer und soll Bill Barton abholen. Er kommt aus Chicago und wohnt neben uns bei den Brunners.

Q. Sie sehen einen jungen Mann an einer Säule. Er hat einen großen, roten Rucksack und ein Schild: Bill Barton.

R. Sie lachen über die Verwechslung.

S. Sie müssen die Dame finden, die Will abholen soll. Will schreibt seinen Namen auf die Rückseite des Schildes und hält es hoch.

T. Eine reizende, ältere Dame.

U. Ich habe mit dieser jungen Dame eine kleine Stadtrundfahrt gemacht.

V. Sie lädt alle zu einer Tasse Kaffee ein.

W. Jetzt hat er bestimmt noch die Gelegenheit, Utes Telefonnummer zu erfahren.

Nach dem Lesen: **Übungen**

❶ 1. Ute: Tut ihrer Freundin einen Gefallen; sie kennt den Flughafen gut; heute viel Verkehr; usw.

2. Brigitte: Freundin von Ute; sie muss heute zum Zahnarzt; hat den Studenten auch erst einmal auf einem Foto gesehen; usw.

3. Markus: Bruder von Brigitte; schreibt sich mit einem amerikanischen Studenten; usw.

4. Bill: ein Meter 90 groß; sehr schlank; usw.

5. Will: groß, schwarze Haare; wartet auf Frau Enzinger; usw.

6. Frau Enzinger: eine reizende, ältere Dame; usw.

❷ **1.** F **2.** F **3.** F **4.** F **5.** F
6. R **7.** R **8.** F **9.** R **10.** R
11. R **12.** F **13.** R **14.** R **15.** F

❸ **1.** For answers, see page 89.
2. Answers may vary.

❹ **1.** h **2.** s **3.** t **4.** q **5.** j
6. e **7.** i **8.** a **9.** o **10.** l
11. k **12.** m **13.** p **14.** r **15.** b
16. d **17.** n **18.** g **19.** f **20.** c

❺ Answers will vary.

❻ Answers will vary.

Dies und das

❶ dunkel / hell
schneebedeckt / grün
blitzesschnelle / langsam
saßen / stehend
schweigend / ins Gespräch vertieft
totgeschossner Hase / Schlittschuh lief
blond gelockt / kohlrabenschwarz
alte Schachtel / sechzehn Jahr
Butterbrot / mit Schmalz bestrichen
Apfelbaum / süße Birnen
Frühling / letzte Pflaume

❷ No answer required.

Kapitel 11

Vor dem Lesen: **Übung**

Text: Ein Gedicht, gruselig

Charakteristika: Strophenform, Reimwörter, das etwas dunkle Bild, Fragezeichen, dreifache Ausrufezeichen
Possible Answers: Ein Gedicht; Strophenform, Reimwörter, etwas gruselig

Beim Lesen: **Dattes und das Flussgespenst**

A. Sie sind auf Lager. Drei Zelte sehen besser aus.

B. Dattes ist ein Junge; er ist ein wenig furchtsam; Besser ist besser!

C. Er hat die Wache mitten in der Nacht, von 12 bis 1 Uhr.

D. Er will Dattes' Hasenfüßigkeit vertreiben

E. Es wunderte keinen, dass der Gruppenführer so leicht nachgab.

F. Benno übergab Dattes den Wimpelspeer.

G. Er setzt sich neben das Feuer, denn dort ist es hell.

H. Es raschelte, und er hörte Äste knacken und Schritte kommen.

I. Er hörte ein Geräusch, das vom Fluss her kam.

J. Er sieht ein Boot und eine Gestalt, einen Ruderer.

K. Ein harmloser Städter, der eine Nachtfahrt unternimmt.

L. Der fremde Wasserfahrer machte unheimliche Geräusche. Eine Kette rasselte.

M. Er wird nie wieder auf Lager gehen.

N. Es war kein wirres Wortgemisch, sondern etwas Sinnvolles.

O. Das Gespenst sprach etwas durchaus Sinnvolles, und beim letzten Satz machte es eine nicht misszuverstehende Geste des Halsumdrehens.

P. Das Gespenst machte plötzlich kehrt und rannte in die Dunkelheit zurück.

Q. Ein Schulfreund von Konrad.

R. Dattes hat das Gespenst einfach ausgelacht.

S. Sie wollen wissen, wie er das fertiggebracht hat.

T. Dieser komische Uhu hat „vor mir" gesagt, wo es doch „vor mich" heißt.

U. Er wundert sich, dass die anderen lachen.

V. Dattes hat nicht Recht. Das Gespenst hat gesagt: „der sich fürchtet vor mir", und das ist richtig.

Nach dem Lesen: **Übungen**

❶ 1. b   2. c   3. b   4. a

5. b   6. c   7. a   8. a
9. b   10. c   11. a   12. b
13. c   14. a   15. b   16. c

❷
1. Seeadler
2. Lager
3. Viermannzelte
4. Spitzname
5. Heftpflasterfabrikant
6. Wache
7. Schwur
8. Hasenfüßigkeit
9. Wimpelspeer
10. Feuerschein
11. Geräusch
12. Gestalt
13. Wasserfahrer
14. Spukgestalt
15. Boot

❸ Answers will vary.

Dies und das

❶ Was zuerst?
Lösung: Zuerst bringt der Mann das Lamm über den Fluss. Dann holt der Mann den Korb Gemüse. Der Mann kann aber das Lamm nicht allein mit dem Gemüse lassen; deshalb nimmt er das Lamm wieder zurück über den Fluss. Der Mann holt den Wolf und lässt das Lamm allein auf der anderen Seite. Jetzt sind also der Wolf und das Gemüse am anderen Ufer. Nicht schlecht, denn der Wolf frisst kein Gemüse. Jetzt holt der Mann das Lamm über den Fluss. Und jetzt sind der Wolf, der Korb Gemüse und das Lamm alle zusammen auf der anderen Seite.

❷ No answer required.

Kapitel 12

Vor dem Lesen: **Übung**

❶ Possible answers:
1. Die Geschichte handelt von einem Mann, der nie zu spät kam.
2. Der Mann kommt früh zur Arbeit. Er fällt und stürzt hinunter auf die Schienen. Der Mann fragt einen anderen Mann und zeigt dabei auf eine Uhr.
3. Die Welt der Arbeit, Transportwesen, Pünktlichkeit, menschliche Eigenschaften.
4. Answers will vary.
5. Answers will vary.
6. Etwas einmal nicht nach Plan zu tun, kann überraschend gut sein.

❷ Answers will vary.

Beim Lesen: **Der Mann, der nie zu spät kam.**

A. Er ist noch nie in seinem Leben zu spät gekommen.

B. Nein. Er saß schon immer angezogen in seinem Zimmer.

C. Nein. Er stand schon vor dem Schultor, bevor der Hausmeister es aufschloss.

D. Er spielt nie Fußball und schaute sich nie Schaufenster an.

E. Er arbeitete in der Nachbarstadt und nahm immer den frühesten Zug.

F. Sehr. Der Chef stellte Herrn Kalk als gutes Beispiel für Pünktlichkeit hin.

G. Kannst du nicht wenigstens einmal zu spät kommen? – Ich sehe nicht ein, welchen Vorteil es bringen soll.

H. Er meinte, Versammlungen sind Gelegenheiten, bei denen man zu spät kommen könnte.

I. Er glaubte, er hat Wilfried bei einer Unpünktlichkeit ertappt.

J. Er saß im Sessel und studierte den Fahrplan.

K. Sein Chef veranstaltete eine Feier für Wilfried, weil er 25 Jahre lang nie zu spät zur Arbeit gekommen war.

L. Er begannn zu singen und fing an zu schwanken, und seine Kollegen mussten ihn nach Hause bringen.

M. Er hörte den Wecker nicht und wachte erst auf, als ihm die Sonne ins Gesicht schien.

N. Es ist schon Viertel nach neun, und er war noch nicht im Büro!

O. Er stürzte auf die Schienen und dachte an den 9-Uhr-16 Zug, der jetzt kommen muss.

P. Er stand auf, kletterte auf den Bahnsteig und suchte einen Bahnbeamten.

Q. „Was ist mit dem 9-Uhr-16 Zug?"

R. Er ging überhaupt nicht ins Büro, und am nächsten Tag kam er erst um 10 Uhr und am übernächsten Tag um halb zwölf.

S. Verspätungen können von Vorteil sein.

Nach dem Lesen: **Übungen**

❶
1. Leben	2. Kindergarten
3. Arbeit	4. stolz
5. arbeitete	6. Nachbarstadt
7. Zug	8. Bahnsteig
9. spät	10. Beispiel
11. Kino	12. Sessel
13. Fahrplan	14. auswendig
15. Nummern	16. Feier
17. Wecker	18. Bett
19. Bahnhof	20. Koffer
21. Schienen	22. Verspätung

❷
1. sein	2. kommen
3. sein	4. öffnen
5. anschauen	6. nehmen
7. sitzen	8. schütteln
9. meiden	10. studieren
11. veranstalten	12. öffnen
13. überreichen	14. legen
15. aufwachen	16. stolpern
17. stürzen	18. haben

❸ 1. D 2. H 3. K 4. B 5. F
6. J 7. N 8. G 9. A 10. O
11. C 12. L 13. I 14. E 15. M

❹ Possible answers: pünktlich, beeilt sich immer, tut immer dasselbe, liebt Ordnung

❺ No answer required.

❻ No answer required.

Dies und das

❶ Answers will vary.

❷ Answers will vary.

ACKNOWLEDGMENTS *(continued from page ii)*

Langen Müller Herbig Verlag: "Der Eilbote" by Siegfried von Vegesack from *Gesamtwerk.*

Piper Verlag GmbH+: From "Bei Schaja" from *Sturzflüge im Zuschauerraum* by Karl Valentin. "Wo ist meine Brille?" from *Karl Valentins Gesammelte Werke.*

Prälat Berthold Lutz (Thomas Burger): "Dattes und das Flussgespenst" by Thomas Burger from *Das Gespenstergespenst.* Copyright © 1955 by Arena Verlag.

Rowohlt Taschenbuch Verlag GmbH+: "Die Wand" by Helmar Klier from *Quatsch,* edited by Renate Boldt and Uwe Wandrey. Copyright © 1974 by Rowohlt Taschenbuch Verlag.

Thienemann Verlag: "Die Geschichte vom grünen Fahrrad" from *28 Lachgeschichten* by Ursula Wölfel. Copyright © 1969 by K. Thienemanns Publishing House, Stuttgart-Wien.

Ullstein Heyne List GmbH & Co. KG: Adaption of "Emil" by Jo Hanns Rösler from *Spielbare Kurzgeschichten,* edited by Jupp Vlatten.

Verlag Friedrich Oetinger GmbH: "Der Mann, der nie zu spät kam" by Paul Maar.

Photo Credits

Page iv, AKG London; v, AKG London; vi, Helga Lade Fotoagentur; 1, AKG London; 2, HRW Photo/George Winkler; 4, AKG London; 8 (t), AKG London; (b), Courtesy of Staatliche Porzellan-Manufaktur Meissen; 9 (t), AKG London (bl), Austrian Archives/CORBIS; (bc, br), HRW Photo/Sam Dudgeon; 11 (both), AKG London; 13 (both), AKG London; 14, 15, 18, 19, Theaterwissenschaftliche Sammlung, Universität zu Köln; 23, Courtesy Abteilung Toursimus Landratsamt Regen; 31, Helga Lade Fotoagentur; 34, AKG London; 35, AKG London; 36, Helga Lade Fotoagentur; 37, AKG London; 41, Robbie Jack/CORBIS; 51 (l), Deutsche Seniorenliga e.V.; (r), Berenkamp; 61, Serie Piper; 69, AKG London; 78, © Janosch film & medien AG; 79, Helga Lade Fotoagentur; 89, Courtesy Deutsche Akademische Austauschdienst; 97, Courtesy Pfadfinders; 107 (both), © Verlag Friedrich Oetinger.

Art Credits

Abbreviated as follows: (t) top, (b) bottom, (l) left, (r) right, (c) center.
All art, unless otherwise noted, by Holt, Rinehart & Winston.

Table of Contents: Page iv (tr); Jeff Moores; iv (cr); Charles Peale; v (cr); Jeff Moores; v (bl); Charles Peale; vi (tr); Jessica Wolk-Stanley; vi (tl); Edson Campos; vi (bl); Edson Campos; vii (tr); Edson Campos; vii (tl); Fian Arroyo; vii (br); John Huchnergarth; vii (bl); Jeff Moores.

Chapter One: Page 5, Charles Peale; 12 (tl), Fian Arroyo; 12 (tr), Fian Arroyo; 12 (cr), Scott Pollack; 12 (cr), Scott Pollack; 12 (br), Scott Pollack. **Chapter Two:** Page 22 (tr), Scott Pollack; 22 (cl), Jeff Moores; 22 (br), Scott Pollack. **Chapter Three:** Page 24, Charles Peale; 25, Charles Peale; 26, Charles Peale; 27, Charles Peale; 29, Charles Peale; 30 (tr), Scott Pollack; 30 (cl), Scott Pollack; 30 (cr), Scott Pollack; 30 (br), Edson Campos. **Chapter Four:** Page 32, Charles Peale; 33, Charles Peale; 34, Charles Peale. **Chapter Five:** Page 42, Jessica Wolk-Stanley; 43, Jessica Wolk-Stanley; 44, Jessica Wolk-Stanley; 45, Charles Peale; 46, Charles Peale; 47, Charles Peale; 50, Charles Peale. **Chapter Six:** Page 52, Jeff Moores; 53, Jeff Moores; 54, Jeff Moores; 56, Fian Arroyo; 58, Jeff Moores; 60, Fian Arroyo. **Chapter Seven:** Page 62, Edson Campos; 63, Edson Campos; 64, Edson Campos; 66, Jeff Moores; 68 (tr), Jim Harter; 68 (tc), Jim Harter. **Chapter Eight:** Page 71, Scott Pollack; 73, Edson Campos; 74, Edson Campos; 75 (c), Edson Campos; 75 (b), John Huehnergarth; 76, Edson Campos; 78, Jeff Moores. **Chapter Nine:** Page 80, Jessica Wolk-Stanley; 81, Jessica Wolk-Stanley; 83, Jessica Wolk-Stanley; 84, Jessica Wolk-Stanley; 85, Jessica Wolk-Stanley; 87, Jessica Wolk-Stanley; 88, John Huehnergarth. **Chapter Ten:** Page 91, Fian Arroyo; 93, Fian Arroyo; 96 (cl), Jeff Moores; 96 (b), John Huehnergarth. **Chapter Eleven:** Page 97-105, Jeff Moores; 106 (c), Scott Pollack; 106 (cr), Fian Arroyo. **Chapter Twelve:** Page 109, Edson Campos; 110, Edson Campos; 111, Edson Campos; 114, John Huehnergarth.